동양의 지혜

I

산이 높으면 마땅히 우러러볼 일이다

劉 向 편찬 / 林東錫 옮김

東文選

사람들은 밭에 거름은
줄 줄 알면서
자기 마음에 거름 줄 줄은
모른다

한나라의 유향이 지은 책 중에 여러 고전에 나오는 좋은 글만을 가려 모은 《說苑》이라는 책이 있다. 그 가운데 오늘의 젊은이들에게 꼭 들려 주고 싶은 잠언들을 옥구슬같이 꿰어, 한 권의 지혜서로서 모두의 마음밭에 밑거름이 되었으면 하는 바람으로 만들었다.

세상에 교훈적인 이야기들은 수없이 많으나, 정작 우리들 가슴에 스며서 몸짓으로 배어 나오게 하는 글들은 드물다.

살아가는 데 있어 마음의 중심이 되어 줄, 그리고 지쳐 있을 때마다 기운을 북돋아 줄 한 마디 위안의 말을 이 책은 담고 있다. 뜻을 세워 살아가는 방법은 물론, 사물을 바로 보고 그에 대처할 줄 아는 지혜와 허두에 이르기까지 실로 그 내용이 다양하여, 보다 성숙한 마음의 터를 닦게 해줄 것이다.

또한 방대하고 어려운 고전들 속에서 이렇듯 함축적인 잠언들만을 골라 엮은만큼, 한문 문장 해석과 학습 교재로서의 가치를 넘어서 오늘날 우리의 생활에 적용하고, 이를 통해 지혜를 얻는 데 조금의 손색도 없으리라고 본다.

더하여 한 대목씩 꼴똘히 읽어나가다 보면, 한문 실력이 저절로 길러짐은 물론 몸에 배도록 되풀이해서 암송하면 그 뜻이 훨씬 깊게 다가올 것이다.

진정 글을 읽는 즐거움과 함께 자신을 다스리는 修身의 書가 되리라 믿는다.

산이 높으면 마땅히 우러러볼 일이다

　높은 산은 우러러보아야 하고, 훌륭한 행동은 따라 해야 한다.
　힘으로는 비록 미치지 못해도 마음으로는 힘써야 한다.

　高山仰止, 景行行止, 力雖不能, 心必務爲.

高높을 고	〃그칠 지	力힘 력	心마음 심
山메 산	景밝을 경	雖비록 수	必반드시 필
仰우러러볼 앙	行행위 행	不아니 불,부	務힘쓸 무
止어조사 지	〃행할 행	能능할 능	爲할 위

2

마땅히 쳐야 할 것을 치면 그 복이 다섯 가지이지만, 쳐서는 안 될 것을 치면 그 화가 열 가지이다.

所伐而當, 其福五之; 所伐不當, 其禍十之.

所바 소	當마땅할 당	福복 복	不아니 불, 부
伐칠 벌	其그 기	五다섯 오	禍재난 화
而어조사 이	〃어조사 기	之어조사 지	十열 십

3

어리석은 자는 행동이 궁색해질수록 고집을 부리고, 비루한 자는 거짓을 꾸밀수록 더욱 야만스러워진다.

愚者行闇而益固, 鄙人飾詐而益野.

愚어리석을 우	而말이을 이	鄙더러울 비	詐거짓 사
者사람 자	益더할 익	〃천할 비	〃속일 사
行행실 행	固우길 고	人사람 인	野미개할 야
闇어두울 암	〃굳을 고	飾꾸밀 식	〃들 야

귀하다고 하는 것은 반드시 천한 것을 근본으로
한 것이요, 높다고 하는 것은 낮은 것을 기본으로
한 것이다.

하늘이 무엇을 주고자 하면 반드시 먼저 괴롭히
고, 하늘이 무엇인가 헐어 버리고자 하면 반드시 먼
저 쌓게 해준다.

貴必以賤爲本, 高必以下爲基. 天將與之, 必先苦之,
天將毁之, 必先累之.

貴귀할 귀	本근본 본	〃장수 장	苦괴롭힐 고
必반드시 필	高높을 고	與줄 여	毁헐 훼
以어조사 이	下아래 하	〃참여할 여	累포갤 루
〃써 이	基근본 기	〃어조사 여	〃묶을 루
賤천할 천	天하늘 천	之어조사 지	
爲할 위	將장차 장	先먼저 선	

5

　권세를 얻고자 할 때는 큰 것을 잡아야 하고, 은
혜를 베풀고자 할 때는 길게 베풀어야 한다.

　權取重, 澤取長.

| 權권세 권 | 取취할 취 | 〃거듭 중 | 〃못 택 |
| 〃저울추 권 | 重중할 중 | 澤은덕 택 | 長길 장 |

6

　비루한 마음을 가진 자에게는 형세의 편리한 기회
가 주어져서는 안 되고, 바탕이 우둔한 자에게는 날
카로운 무기가 주어져서는 안 된다.

　有鄙心者不可授便勢, 有愚質者不可予利器.

有가질 유	不아니 불,부	〃똥오줌 변	予줄 여
鄙더러울 비	可가히 가	勢형세 세	〃나 여
〃촌스러울 비	〃옳을 가	〃기세 세	利날카로울 리
心마음 심	授줄 수	愚어리석을 우	〃이로울 리
者사람 자	便편할 편	質바탕 질	器그릇 기

부유하지 않으면 큰일을 할 수가 없고, 베풀지 않으면 친해지지 않는다. 친척을 멀리하면 해를 입게 되고, 무리를 잃으면 실패하게 된다. 가르쳐 주지도 않으면서 벌만 내리는 것을 학虐이라 하고, 경계시키지 않고 책임만 묻는 것을 포暴라 한다.

不富無以爲大, 不子無以合親, 親疏則害, 失衆則敗.
不敎而誅謂之虐, 不戒責成謂之暴也.

不아니할 불,부	合합할 합	衆무리 중	虐몹시굴 학
富넉넉할 부	親친할 친	敗패할 패	戒경계할 계
無없을 무	〃겨레 친	敎가르칠 교	責책임 책
以써 이	疏멀어질 소	而말이을 이	〃빚 채
爲될 위	〃트일 소	誅형벌 주	成다스릴 성
〃위할 위	則곧 즉	〃책할 주	暴모질게굴 포
大클 대	〃법 칙, 측	謂이를 위	〃사나울 폭,포
子사랑할 자	害해 해	之어조사 지	也어조사 야
〃아들 자	失잃을 실	〃갈 지	

8

소리는 가늘다고 해서 들리지 않는 것이 아니고,
행위는 숨긴다고 해서 밝혀지지 않는 것이 아니다.

聲無細而不聞, 行無隱而不明.

聲소리 성	〃작을 세	聞들릴 문	隱숨길 은
無없을 무	而말이을 이	〃들을 문	明밝힐 명
細가늘 세	不아니할 불,부	行행위 행	〃밝을 명

9

지극히 신령스러움은 변화시키지 못하는 것이 없
고, 지극히 현명함은 추이를 따르지 않는 것이 없다.

至神無不化也, 至賢無不移也.

至지극할 지	〃귀신 신	化변화 화	賢어질 현
〃이를 지	無없을 무	〃화할 화	移옮길 이
神영묘할 신	不아니할 불,부	也어조사 야	〃옮을 이

갓은 아무리 낡아도 머리에 쓰는 것이요, 신은 아무리 새것일지라도 발에 신는 것이다.

이처럼 상하가 구분되어 있으니 서로 어그러뜨릴 수가 없다.

冠雖故, 必加於首; 履雖新, 必關於足. 上下有分, 不可相倍.

冠갓 관	首머리 수	足발 족	可가히 가
雖비록 수	履신 리	上위 상	相서로 상
故예 고	〃밟을 리	下아래 하	倍배반할 배
必반드시 필	新새 신	有있을 유	〃곱 배
加쓸 가	關꿸 관	分나눌 분	
於어조사 어	〃관계할 관	不아니 불, 부	

11

　마음이 하늘과 땅 같은 자는 명明하고, 행동이 먹
줄 같은 자는 장章하게 된다.

　心如天地者明, 行如繩墨者章.

心마음 심	地땅 지	行행실 행	章밝을 장
如같을 여	者사람 자	繩먹줄 승	〃문채 장
天하늘 천	明밝을 명	墨먹 묵	

12

　하늘이 주는 데도 받지 않으면 도리어 허물을 쓰
게 되고, 때가 이르렀는 데도 맞이하지 않으면 도리
어 재앙을 만나게 된다.

　天與不取, 反受其咎; 時至不迎, 反受其殃.

天하늘 천	取취할 취	〃어조사 기	迎맞이할 영
與줄 여	反도리어 반	咎허물 구	殃재앙 앙
〃더불 여	受받을 수	時때 시	
不아니할 불,부	其그 기	至이를 지	

명석한 자는 어두운 데에서도 보고, 일이 아직 나
타나지 않았을 때 모책을 세운다.

또 총명한 자는 소리가 없을 때에 이미 듣고, 사려
가 깊은 자는 아직 드러나지 않았을 때를 경계한다.

明者視於冥冥, 謀於未形, 聽者聽於無聲, 慮者戒於
未成.

明밝을 명	冥어두울 명	形형상 형	聲소리 성
者사람 자	謀꾀할 모	聽귀밝을 총	慮생각할 려
視볼 시	未아닐 미	聽들을 청	戒경계할 계
於어조사 어	〃미래 미	無없을 무	成이루어질 성

14

일보다 계획을 먼저 세우면 성공하려니와 일이 계획보다 빠르면 망치리라!

謀先事則昌, 事先謀則亡!

謀꾀 모	事일 사	〃법 칙, 측	亡멸할 망
先먼저 선	則곧 즉	昌창성 창	〃잃을 망

15

거울이 깨끗하고 밝으면 예쁘고 미운 모습을 스스로 보고 인정할 수 있고, 저울이 공평무사하면 가볍고 무거움을 스스로 터득하게 된다.

鏡以精明, 美惡自服; 衡平無私, 輕重自得.

鏡거울 경	美아름다울 미	服좇을 복	私사사로이 사
以어조사 이	惡못생길 악	〃옷 복	輕가벼울 경
〃써 이	〃악할 악	衡저울대 형	重무거울 중
精깨끗할 정	〃미워할 오	平평평할 평	得얻을 득
明밝을 명	自스스로 자	無없을 무	

부당하게 기쁨과 노기를 나타내는 것을 불명不明이라 한다. 부당하게 포악과 학대를 일삼다가는 도리어 적해賊害를 입으리라.

원망은 보답을 아니한 데서 생겨나그, 화는 바로 복에서 생겨나는 것이다.

喜怒不當, 是謂不明; 暴虐不得, 反受其賊; 怨生不報, 禍生於福.

喜기쁠 희	明밝을 명	受받을 수	報갚을 보
怒성낼 노	暴사나울 포, 폭	其그 기	禍재난 화
不아니 불, 부	虐몹시굴 학	〃어조사 기	於어조사 어
當마땅할 당	得탐할 득	賊해칠 적	福복 복
是이 시	〃얻을 득	怨원망 원	
謂이를 위	反도리어 반	生날 생	

17

부귀는 교만과 약속을 하지 않았는데도 교만이 스스로 찾아오고, 그 교만은 망함과 기약을 하지 않았는데도 망함이 스스로 찾아온다.

貴不與驕期驕自來, 驕不與亡期亡自至.

貴귀할 귀	驕교만할 교	自스스로 자	至이를 지
不아니 불,부	期기약할 기	來올 래	〃지극할 지
與더불 여	〃때 기	亡멸할 망	

18

부유할 때는 반드시 가난을 염두에 두며, 장년壯年일 때는 노년을 생각하라.

나이가 비록 어릴지라도 염려는 일찍부터 해야 한다.

富必念貧, 壯必念老; 年雖幼少, 慮之必早.

富넉넉할 부	壯왕성할 장	幼어릴 유	早일찍 조
必반드시 필	老늙을 로	少젊을 소	〃이를 조
念생각 념	年나이 년	慮걱정할 려	
貧가난할 빈	雖비록 수	之어조사 지	

산이 높으면 운우雲雨가 일어나게 마련이고, 물이 깊으면 교룡蛟龍이 살 수 있게 마련이다.

이처럼 군자가 그 도덕을 잘 베풀면 복록은 저절로 따르게 마련이다.

무릇 음덕陰德을 베푸는 자에게는 양보陽報가 있게 되며, 은행隱行하는 이에게는 소명昭名이 있게 마련이다.

山致其高, 雲雨起焉; 水致其深, 蛟龍生焉; 君子致其道德而福祿歸焉. 夫有陰德者必有陽報, 有隱行者必有昭名.

致이를 치	起일어날 기	道길 도	〃그늘 음
其어조사 기	焉어조사 언	德덕 덕	陽밝을 양
〃그 기	〃이에 언	福복 복	〃양지 양
高높을 고	深깊을 심	祿복 록	報갚을 보
雲구름 운	蛟교룡 교	歸붙좇을 귀	隱숨을 은
雨비 우	龍용 룡	陰몰래 음	昭밝을 소

20

위에는 믿음이 없고 아래에는 충성이 없어 상하가
불화하면, 비록 편안해 보이더라도 반드시 위험에
처하게 된다.

上不信, 下不忠, 上下不和, 雖安必危.

上위 상   下아래 하   雖비록 수   危위태할 위
不아니 불,부   忠충성 충   安편안할 안   〃높을 위
信믿을 신   和화목할 화   必반드시 필

21

초목은 가을이 되면 다 죽지만 송백松柏만은 홀로
푸르다. 물은 모든 것을 다 떠내려가게 하지만 옥석
玉石은 그대로 머물러 있는다.

草木秋死, 松柏獨在; 水浮萬物, 玉石留止.

草풀 초   松소나무 송   水물 수   玉구슬 옥
木나무 목   柏측백나무 백   浮뜰 부   石돌 석
秋가을 추   獨홀로 독   萬일만 만   留머무를 류
死죽을 사   在있을 재   物만물 물   止그칠 지

　부모에게 효도하고 친구에게 믿음이 있으면 10보 밖에 안 되는 작은 못일지라도 반드시 향초香草가 자라며, 열 집밖에 안 되는 고을일지라도 충사忠士가 나게 된다.

　孝於父母, 信於交友, 十步之澤, 必有香草, 十室之邑, 必有忠士.

孝효도 효	交사귈 교	〃갈 지	草풀 초
於어조사 어	友벗 우	澤못 택	室집 실
父아비 부	十열 십	必반드시 필	邑고을 읍
母어미 모	步걸음 보	有있을 유	忠충성 충
信믿을 신	之어조사 지	香향기 향	士선비 사

23

수레나 말을 타면 1천 리도 힘들이지 않고 갈 수 있고, 배를 타고 가면 헤엄을 치지 않고도 강해江海를 가로지를 수 있다.

乘輿馬不勞致千里, 乘船楫不游絶江海.

乘탈 승	勞수고할 로	〃마을 리	〃놀 유
輿수레 여	致이를 치	船배 선	絶건널 절
馬말 마	千일천 천	楫노저을 즙,집ㆍ	江강 강
不아니 불,부	里이 리	游헤엄칠 유	海바다 해

24

급하고 경홀하게 만든 모책은 쓸 수가 없고, 불안해하는 마음으로는 길게 이끌어 나갈 수 없다.

忽忽之謀, 不可爲也 ; 惕惕之心, 不可長也.

忽소홀히할 홀	謀꾀 모	爲할 위	〃근심할 척
〃홀연 홀	不아니 불,부	也어조사 야	心마음 심
之어조사 지	可가히 가	惕두려워할 척	長길 장

 무릇 작은 즐거움은 의義를 해치고, 작은 지혜는
도道를 해치며, 낮은 판단은 치治를 그르치고, 구차
스런 마음은 덕德을 해친다.
 큰 정치일수록 험악함이 없다.

 夫小快害義, 小慧害道, 小辨害治, 苟心傷德, 大政不險.

夫대저 부	義옳을 의	治다스릴 치	大큰 대
〃지아비 부	慧슬기로울 혜	苟구차할 구	政정사 정
小작을 소	道길 도	心마음 심	不아니할 불,부
快쾌할 쾌	辨나눌 변	傷해칠 상	險험할 험
害해칠 해	〃분별 변	德덕 덕	

자기 자신을 비방하고 미워하는 자는 마음에 죄가 있기 때문이요, 스스로 도를 높이고 위하는 자는 마음 속에 역행力行의 뜻이 있기 때문이다.

誘道己者, 心之罪也; 尊賢己者, 心之力也.

誘헐뜯을 방	心마음 심	〃죄줄 죄	賢어질 현
道길 도	之어조사 지	也어조사 야	〃나을 현
己몸 기	〃갈 지	尊높일 존	力힘쓸 력
者사람 자	罪허물 죄	〃술통 준	〃힘 력

군자의 학문은 귀로 들어와서 마음에 저장하고, 몸으로써 이를 실천한다.

君子之學也, 入於耳, 藏於心, 行之以身.

君스승 군	〃배울 학	耳귀 이	以써 이
子임 자	也어조사 야	藏저장할 장	身몸 신
之어조사 지	入들 입	心마음 심	
學학문 학	於어조사 어	行행할 행	

　입은 관문이며, 혀는 기계이다. 부당한 말을 내뱉고 나면 네 필 말이 끄는 속도로도 뒤쫓을 수 없다.

　입은 관문이며, 혀는 무기이다. 부당한 말을 내뱉고 나면 도리어 자기 자신을 해친다.

　말이 이미 자기 입에서 나간 후면 다른 사람에게서 그치게 할 수 없고, 멀리까지 퍼져 나간 후면 그 먼곳에서도 그치게 할 수 없다.

　口者關也, 舌者機也, 出言不當, 四馬不能追也. 口者關也, 舌者兵也, 出言不當, 反自傷也. 言出於己, 不可止於人, 行發於邇, 不可止於遠.

口입 구	不아니 불,부	自스스로 자	行갈 행
者것 자	當마땅할 당	傷해칠 상	〃행위 행
關관문 관	四넉 사	於어조사 어	發보낼 발
也어조사 야	馬말 마	己몸 기	〃일으킬 발
舌혀 설	能능할 능	可가히 가	邇가까울 이
機틀 기	追쫓을 추	〃옳을 가	遠멀 원
出낼 출	兵병장기 병	止그칠 지	
言말씀 언	反도리어 반	人남 인	

때는 그것이 맞아떨어질 때가 있고, 행동은 그에 분명한 이유가 있다.

時在應之, 爲在因之.

時때 시	應응할 응	爲행위 위	因까닭 인
在있을 재	之어조사 지	〃할 위	〃인할 인

의사義士는 자기 마음을 속이지 않는 법이며, 어진 이는 아무렇게나 생명을 포기하지 않는 법이다.

義士不欺心, 仁人不害生.

義의로울 의	不아니할 불,부	心마음 심	害해칠 해
〃옳을 의	欺속일 기	仁어질 인	〃해 해
士선비 사	〃거짓 기	人사람 인	生목숨 생

한 가지 마음이면 1백 명의 임금도 섬길 수 있으나, 1백 가지 마음이면 한 임금도 섬길 수 없다.

그래서 마음을 바르게 가지고, 말을 적게 하라고 한 것이다.

一心可以事百君, 百心不可以事一君. 故曰, 正而心又少而言.

一한 일	事섬길 사	故연고 고	又또 우
心마음 심	〃일 사	〃고로 고	少적을 소
可가히 가	百일백 백	曰가로되 왈	〃젊을 소
以어조사 이	君임금 군	正바를 정	言말씀 언
〃써 이	不아니 불,부	而말이을 이	

32

도리에 맞게 구하면 얻지 못할 것이 없고, 때에
맞추어 일을 하면 이루지 못할 것이 없다.

求以其道則無不得, 爲以其時則無不成.

求구할 구	道길 도	無없을 무	時때 시
以써 이	〃도 도	不아니할 불,부	成이룰 성
其그 기	則곧 즉	得얻을 득	
〃어조사 기	〃법 칙,측	爲할 위	

33

배고프고 목마를 때 먹을 것을 얻으면 그 누군들
기뻐하지 않으리요! 궁한 사람, 급한 이를 구제해
주면 무엇을 얻지 못할까 근심하리요!

飢渴得食, 誰能不喜. 賑窮救急, 何患無有.

飢주릴 기	誰누구 수	賑구휼할 진	何무엇 하
渴목마를 갈	能능할 능	窮궁할 궁	患근심 환
得얻을 득	不아니할 불,부	救건질 구	無없을 무
食먹을 식	喜기쁠 희	急급할 급	有가질 유

한 나라의 임금이 장차 창성昌盛하려면 하늘이 도
道를 내려 주고, 대부가 장차 창성하려면 하늘이 선
비를 내려 주며, 서인이 장차 창성하려면 반드시 훌
륭한 아들이 있게 마련이다.

邦君將昌, 天遺其道; 大夫將昌, 天遺之士; 庶人將
昌, 必有良子.

邦나라 방	遺보낼 유	夫사내 부	〃여러 서
君임금 군	〃끼칠 유	〃지아비 부	人사람 인
將장차 장	其그 기	之어조사 지	必반드시 필
〃장수 장	〃어조사 기	〃갈 지	有있을 유
昌창성할 창	道길 도	士선비 사	良좋을 량
天하늘 천	大클 대	庶무리 서	子아들 자

수없이 많은 일에는 1만 가지 변화가 솟아난다.

혹은 스스로 겸허함을 지키려 하고, 혹은 그 실적만 차지하려 한다. 또는 부유浮遊를 좋아하는 자가 있는가 하면, 성의와 간절함을 좋아하는 자도 있다. 그런가 하면 편안하게 실행하는 자가 있고, 급하고 빠르게 서두르는 사람도 있다.

이로 보면 천하는 하나로 묶을 수가 없다. 다만 성왕聖王이 천하에 임하여야만 능히 하나로 통일시킬 수 있는 것이다.

百方之事, 萬變鋒出. 或欲持虛, 或欲持實. 或好浮遊, 或好誠必. 或行安舒, 或爲飄疾. 從此觀之, 天下不可一, 聖王臨天下而能一之.

百일백 백	或혹 혹	〃행위 행	下아래 하
〃힘쓸 맥	欲하고자할 욕	安편안할 안	不아니할 불,부
方길 방	持가질 지	舒조용할 서	可가히 가
〃방위 방	〃버틸 지	爲할 위	〃옳을 가
之어조사 지	虛빌 허	〃위할 위	〃들을 가
〃갈 지	實열매 실	飄빠를 표	聖성스러울 성
事일 사	好좋아할 호	疾빠를 질	王임금 왕
〃섬길 사	浮뜰 부	〃병 질	臨임할 림
萬일만 만	遊놀 유	從좇을 종	而말이을 이
變변화 변	誠정성 성	此이 차	〃어조사 이
鋒칼끝 봉	必반드시 필	觀볼 관	能능히 능
出날 출	行행할 행	天하늘 천	〃견딜 내

자기 자신을 수양하지는 않으면서 남에게만 구하는 것, 이를 실륜失倫이라 하며, 그 안은 잘 다스리지 않고 밖만 다듬는 것, 이를 대폐大廢라 한다.

不脩其身, 求之於人, 是謂失倫; 不治其內, 而脩其外, 是謂大廢.

不아니할 불,부	身몸 신	是이 시	而말이을 이
脩닦을 수	求구할 구	謂이를 위	外바깥 외
〃포 수	之어조사 지	失잃을 실	大클 대
〃오랠 수	〃갈 지	倫인륜 륜	廢못쓰게될 폐
其그 기	於어조사 어	治다스릴 치	〃폐할 폐
〃어조사 기	人남 인	內안 내	

때가 이르지 않았을 때는 억지로 한다고 해서 일이 되는 것이 아니며, 일을 끝까지 궁구하지 않고는 억지로 성취시킬 수 없다.

時不至, 不可强生也; 事不究, 不可强成也.

時때 시	可가히 가	生만들 생	究다할 구
不아니 불,부	强억지로 강	也어조사 야	〃궁구할 구
至이를 지	〃굳셀 강	事일 사	成이룰 성

선비가 길에서 죽어 사지도 덮을 수 없다면, 이는 선비의 허물이 아니라 그런 선비가 태어난 나라의 수치이다.

士橫道而偃, 四支不掩, 非士之過, 有士之羞也.

士선비 사	偃쓰러질 언	掩가릴 엄	有고을 유
橫거스를 횡	〃누울 언	非아닐 비	〃있을 유
〃방자할 횡	四넉 사	之어조사 지	羞부끄러울 수
〃가로 횡	支팔다리 지	〃갈 지	也어조사 야
道길 도	〃가를 지	過허물 과	
而말이을 이	不아니할 불,부	〃지날 과	

무릇 물은 산에서 나서 바다로 흘러들고, 곡식은 밭에서 나서 창고에 갈무리된다.

성인은 그것이 어디서 생기는가만 보고도 그것이 어디로 돌아가는가를 안다.

夫水出於山而入於海, 稼生於田而藏於廩, 聖人見所生, 則知所歸矣.

夫대저 부	而말이을 이	田밭 전	所바 소
〃지아비 부	入들 입	藏감출 장	則곧 즉
水물 수	海바다 해	廩곳집 름	〃법 칙, 측
出날 출	稼곡식 가	聖성스러울 성	知알 지
於어조사 어	〃심을 가	人사람 인	歸돌아갈 귀
山메 산	生날 생	見볼 견	矣어조사 의

증자曾子가 이렇게 말했다.

『매나 독수리는 산도 낮다고 여겨 그 꼭대기에 둥지를 틀고, 자라나 물고기는 깊은 못도 얕다고 여겨 그 밑바닥을 뚫고 굴을 만든다. 그러나 이런 것들을 끝내 잡아낼 수 있는 것은 바로 미끼이다. 따라서 군자가 이록利祿에 눈이 어둡지 않아야* 그 몸을 망치지 않는다.』

曾子曰:『鷹鷲以山爲卑, 而增巢其上；黿鼉魚鼈以淵爲淺, 而穿穴其中. 卒其所以得者, 餌也. 君子苟不求利祿, 則不害其身.』

曾일찍 증	增더욱 증	穴굴 혈	君스승 군
子아들 자	巢새집 소	中안 중	苟구차할 구
〃임 자	其그 기	〃가운데 중	〃진실로 구
曰가로되 왈	上위 상	卒마침내 졸	不아니 불,부
鷹매 응	黿자라 원	〃군사 졸	求구할 구
鷲독수리 취	鼉악어 타	所바 소	利이로울 리
以써 이	魚고기 어	得얻을 득	祿녹 록
山메 산	鼈자라 별	者것 자	則곧 즉
爲생각할 위	淵못 연	餌미끼 이	〃법 칙, 측
卑낮을 비	淺얕은 천	〃먹이 이	害해칠 해
而말이을 이	穿뚫을 천	也어조사 야	身몸 신

*원뜻은『利祿을 구차스럽게 구하지 말아야』임.

　　포차蒲且가 활줄을 수리하니 오리·기러기가 슬피
울고, 방몽逢蒙이 활을 어루만지니 호표虎豹가 새벽
부터 운다.

　　蒲且脩繳, 鳧雁悲鳴; 逢蒙撫弓, 虎豹晨嘷.

蒲부들 포	〃포 수	鳴울 명	弓활 궁
〃땅이름 박	繳주살 작	逢성 방	虎범 호
且또 차	鳧물오리 부	蒙입을 몽	豹표범 표
〃도마 저	雁기러기 안	〃어두울 몽	晨새벽 신
脩닦을 수	悲슬플 비	撫어루만질 무	嘷부르짖을 호

* 蒲且:고대의 名射手.
* 逢蒙:역시 고대의 활의 名手.

42

　명을 아는 자는 하늘을 원망하지 않고, 자기 자신
을 아는 자는 남을 원망하지 않는다.

　知命者不怨天, 知己者不怨人.

知알 지	者사람 자	怨원망할 원	己몸 기
命목숨 명	不아니 불,부	天하늘 천	人남 인

43

　사려지심이 없으면 달성할 수 없고, 서로 대화를
나누지 않으면 즐거움을 맛볼 수 없다.

　無思慮之心則不達, 無談說之辭則不樂.

無없을 무	〃갈 지	達이를 달	〃달랠 세
思생각 사	心마음 심	〃통할 달	〃기뻐할 열
慮생각할 려	則곧 즉	談이야기할 담	辭말씀 사
之어조사 지	不아니 불,부	說말할 설	樂즐거울 락

가운데 처한 자는 모가 나서는 안 되고, 이름은 드
러내기 위해 가져서는 안 된다.

밖을 둥글게 하지 않는 것이 곧 화의 문이다.

너무 곧기만 하여 굽힐 줄 모르면 큰 임무를 맡을
수 없고, 모만 나서 둥글지 못하면 오래 존속할 수
가 없다.

中不方, 名不章; 外不圜, 禍之門. 直而不能枉, 不可
與大任; 方而不能圜, 不可與長存.

中가운데 중	外바깥 외	直곧을 직	與더불어할 여
不아니 불,부	圜둥글 환	而말이을 이	〃위할 여
方모 방	〃두를 환	能능할 능	大큰 대
〃방위 방	禍재난 화	枉굽힐 왕	任일 임
名이름 명	之어조사 지	可가히 가	長길 장
章나타낼 장	門문 문	〃옳을 가	存있을 존

기러기는 바람에 순응하여 날면서 그 기력氣力에
도움을 받고, 입에 갈대잎을 물어 화살에 대비한다.

雁順風而飛, 以助氣力; 銜葭而翔, 以備矰弋.

雁기러기 안	以써 이	銜물 함	矰주살 증
順좇을 순	〃어조사 이	〃재갈 함	弋주살 익
風바람 풍	助도울 조	葭갈대 가	
而말이을 이	氣기운 기	翔날 상	
飛날 비	力힘 력	備예방할 비	

쑥이 모시풀 가운데 자라면 붙들어 주지 않아도
곧게 자라고, 흰 모래가 검은 진흙 속에 들어가면
모두가 함께 검어지고 만다.

蓬生枲中, 不扶自直; 白砂入泥, 與之皆黑.

蓬쑥 봉	不아니 불,부	白흰 백	與더불 여
生자랄 생	扶붙들 부	砂모래 사	之어조사 지
枲모시풀 시	自스스로 자	入들 입	皆다 개
中가운데 중	直곧을 직	泥진흙 니	黑검을 흑

못하는 것이 없는 자는 능히 한 가지도 잘하는 것
이 없고, 무엇이든지 다 하고자 하는 자는 한 가지
도 제대로 얻는 것이 없다.

바른 행동을 쌓아두면 미치지 못할 복이 없으며,
사악한 행동을 쌓아두면 찾아오지 아니하는 화가
없도다.

無不爲者, 無一能成也; 無不欲者, 無一能得也. 衆
正之積, 福無不及也; 衆邪之積, 禍無不逮也.

無없을 무	能능할 능	衆무리 중	及미칠 급
不아니 불,부	成이룰 성	正바를 정	邪간사할 사
爲할 위	也어조사 야	之어조사 지	禍재난 화
者것 자	欲하고자할 욕	積쌓을 적	逮미칠 태
一한 일	得얻을 득	福복 복	〃쫓을 체

1백 가지 행동의 근본은 한 마디 말로부터 시작한다. 말이 맞으면 적도 물리칠 수 있고, 말이 맞으면 나라도 지켜낼 수가 있다.

메아리는 소리 없이 스스로 날 수 없고, 그림자는 굽은 본체를 곧게 할 수 없다.

만물은 반드시 그 닮은 것을 따르는 법이니, 이 때문에 군자는 자기 입에서 나오는 말을 조심하는 것이다.

百行之本, 一言也. 一言而適, 可以却敵; 一言而得, 可以保國. 響不能獨爲聲, 影不能倍曲爲直. 物必以其類及, 故君子愼言出己.

百일백 백	〃갈 적	獨홀로 독	其그 기
行행실 행	可가히 가	爲할 위	類무리 류
之어조사 지	以써 이	聲소리 성	及미칠 급
〃갈 지	却물리칠 각	影그림자 영	故연고 고
本근본 본	敵원수 적	不아니 불,부	〃예 고
一한 일	得얻을 득	倍배반할 배	君스승 군
言말씀 언	保보전할 보	曲굽을 곡	子임 자
也어조사 야	國나라 국	直곧을 직	愼삼갈 신
而말이을 이	響울림 향	物만물 물	出나올 출
適맞을 적	能능할 능	必반드시 필	己몸 기

 높은 산 꼭대기에 큰 나무가 없는 것은 많은 양기
에 손상을 입기 때문이며, 큰 나무 아래에 좋은 풀
이 자라지 못하는 것은 많은 음기에 손상을 입기
때문이다.

 高山之巔無美木, 傷於多陽也; 大樹之下無美草, 傷
於多陰也.

高높을 고	美아름다울 미	多많을 다	樹나무 수
山메 산	木나무 목	陽양기 양	下아래 하
之어조사 지	傷다칠 상	〃볕 양	草풀 초
巔산꼭대기 전	〃해칠 상	也어조사 야	陰음기 음
無없을 무	於어조사 어	大큰 대	

찾아가 물었을 때 지나치게 캐고 쪼개어 일러 주거든 상대하지 말고, 괴상하고 허황된 말이거든 대칭對稱하지 말라.

謁問析辭勿應, 怪言虛說勿稱.

謁뵐 알	辭알릴 사	怪괴이할 괴	〃달랠 세
問물을 문	〃말씀 사	言말씀 언	〃기뻐할 열
析가를 석	勿말 물	虛빌 허	稱맞을 칭
〃쪼갤 석	應응할 응	說말씀 설	〃일컬을 칭

그 되어 가는 바의 까닭을 잘 살펴보고 그가 시키는 바를 관찰하면, 이를 통해 자신을 비교하여 알 수 있다.

視其所以, 觀其所使, 斯可知己.

視볼 시	所바 소	使부릴 사	可가히 가
其그 기	以써 이	〃사신 사	知알 지
〃어조사 기	觀볼 관	斯이 사	己몸 기

음일淫泆 때문에 생업을 버리지 말며, 빈천하다고 스스로 경홀히 굴지도 말라.

자기가 좋아하는 바 때문에 몸을 해치는 일이 없어야 하며, 기호나 욕심 때문에 생명에 방해되는 일도 없어야 한다.

또 사치가 곧 명예인 줄 잘못 알아서도 안 되며, 부귀하다고 해서 교만이 가득 차서도 안 되느니라.

無以淫泆棄業, 無以貧賤自輕, 無以所好害身, 無以嗜欲妨生, 無以奢侈爲名, 無以貴富驕盈.

無없을 무	貧가난할 빈	身몸 신	爲할 위
以써 이	賤천할 천	嗜즐길 기	名이름 명
〃어조사 이	自스스로 자	欲하고자할 욕	貴귀할 귀
淫음란할 음	輕가벼울 경	妨방해할 방	富넉넉할 부
泆음탕할 일	所바 소	生목숨 생	驕교만할 교
棄버릴 기	好좋아할 호	奢사치할 사	盈찰 영
業업 업	害해칠 해	侈사치할 치	

종자기鍾子期가 죽자 백아伯牙가 현줄을 끊고 거문고를 부수었으니, 이는 세상에 거문고를 연주해 들려 줄 상대가 없음을 알았기 때문이다.

또 혜시惠施가 죽자 장자莊子는 깊은 명상에 잠겨 아무 말도 아니했으니, 이는 세상에 더불어 말할 만한 상대가 없다고 여겼기 때문이다.

鍾子期死而伯牙絶絃破琴, 知世莫可爲鼓也; 惠施卒而莊子深瞑不言, 見世莫可與語也.

鍾종 종	破깨뜨릴 파	〃두드릴 고	〃어두울 명
子임 자	琴거문고 금	也어조사 야	不아니 불,부
期띠 기	知알 지	惠은혜 혜	言말씀 언
〃바랄 기	世인간 세	施베풀 시	見볼 견
死죽을 사	莫없을 막	卒죽을 졸	與더불 여
而말이을 이	〃저물 모	〃군사 졸	〃줄 여
伯맏 백	可가히 가	莊장자 장	語말할 어
牙어금니 아	爲위할 위	〃엄할 장	
絶끊을 절	〃할 위	深깊을 심	
絃악기줄 현	鼓북 고	瞑눈감을 명	

•鍾子期:伯牙의 친구로 음에 대해서 잘 알았음.
•伯牙:거문고의 명수. 伯牙絶絃의 고사가 있음.
•惠施:전국시대 名家의 인물로 莊子와 친했으며, 魏 惠王의 相을 지내기도 함.

수신修身은 지혜의 창고이며, 애시愛施는 인仁의
실마리이다. 취하고 주는 것은 의義의 부절符節이며,
치욕이란 용감한가의 여부를 결정하는 단서이고, 이
름을 세운다고 하는 것은 행동의 최고점이다.

修身者, 智之府也; 愛施者, 仁之端也; 取予者, 義
之符也; 恥辱者, 勇之決也; 立名者, 行之極也.

修닦을 수	也어조사 야	予줄 여	決결정할 결
身몸 신	愛사랑 애	〃나 여	立세울 립
者것 자	施베풀 시	義의로울 의	〃설 립
智지혜 지	仁어질 인	符부신 부	名이름 명
之어조사 지	端실마리 단	恥부끄럼 치	行행실 행
府곳집 부	〃바를 단	辱욕될 욕	極다할 극
〃마을 부	取취할 취	勇용감할 용	〃이를 극

현사賢士는 그릇된 바를 섬기지 않는 것이지 섬김
이 없는 것은 아니다.

賢士不事所非, 不非所事.

賢어질 현	不아니할 불,부	事섬길 사	非그를 비
士선비 사	所바 소	〃일 사	〃아닐 비

부인의 입은 남을 내쫓을 수도 있고, 부인의 주둥
이는 남을 죽이거나 일을 그르칠 수도 있다.

婦人之口, 可以出走; 婦人之喙, 可以死敗.

婦지어미 부	口입 구	出내칠 출	喙부리 훼
人사람 인	可가히 가	〃날 출	死죽일 사
之어조사 지	〃옳을 가	走달아나게할 주	敗무너뜨릴 패
〃갈 지	以써 이	〃달릴 주	〃패할 패

동네 이름이 승모勝母라 하여 증자曾子는 들지 않았고, 물 이름이 도천盜泉이라 하자 공자孔子는 마시지 않았다.

이는 그 명칭을 추하게 여겼기 때문이다.

邑名勝母, 曾子不入; 水名盜泉, 孔子不飮. 醜其名也.

邑고을 읍	曾일찍 증	水물 수	醜추할 추
名이름 명	子임 자	盜도둑 도	〃더러울 추
勝이길 승	〃아들 자	泉샘 천	其그 기
〃견딜 승	不아니할 불,부	孔구멍 공	〃어조사 기
母어미 모	入들 입	飮마실 음	也어조사 야

• 勝母 : 어머니를 이기다, 어머니보다 낫다는 뜻의 지명.
• 曾子 : 曾參. 효도로 이름난 공자의 제자.
• 盜泉 : 도둑샘이란 뜻의 水名.

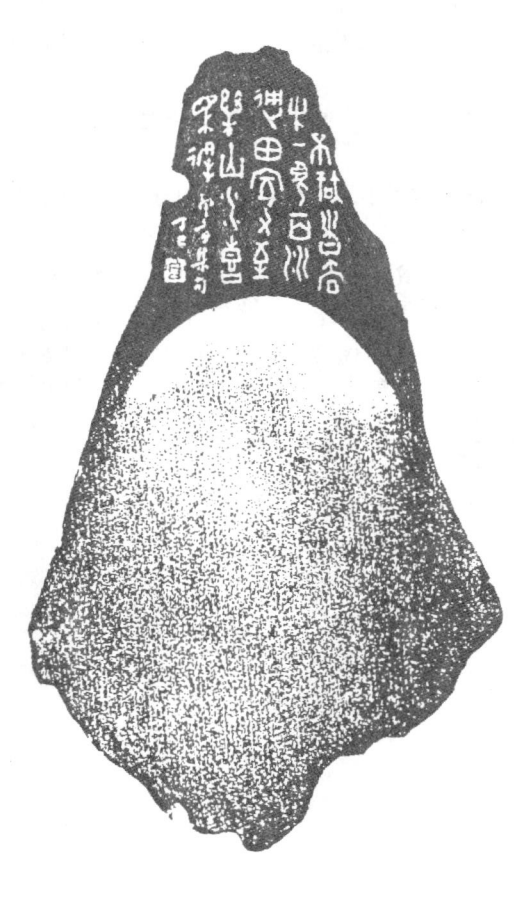

58

좀벌레는 작으나 기둥과 대들보를 엎어지게 하고,
모기와 등에는 작지만 소와 양을 도망가게 한다.

蠹蜒仆柱梁, 蚊蝱走牛羊.

蠹좀 두　　　柱기둥 주　　蚊모기 문　　牛소 우
蜒왕개미새끼 연　〃버틸 주　　蝱등에 맹　　羊양 양
仆엎어질 부　　梁들보 량　　走달아나게할 주

59

태공太公은 농사를 지을 때는 그 종자조차 갚을
길이 없었고, 고기를 잡을 때는 그 그물값도 갚을
길이 없었다.
　그러나 천하를 다스릴 때는 그 지혜가 남아돌 정
도였다.

太公田不足以償種, 漁不足以償網, 治天下有餘智.

太클 태　　　不아니 불,부　漁고기잡을 어　有있을 유
公제후 공　　足족할 족　　網그물 망　　餘남을 여
〃공 공　　　以써 이　　　治다스릴 치　　智지혜 지
田밭갈 전　　償갚을 상　　天하늘 천
〃사냥 전　　種씨 종　　　下아래 하

60

옷이 비록 낡았어도 그 행동은 수양이 있어야 하며, 머리가 비록 헝클어졌어도 그 말은 교양이 있어야 한다.

衣雖弊, 行必脩; 頭雖亂, 言必治.

衣옷 의　　　行행실 행　　　〃포 수　　　言말씀 언
雖비록 수　　　必반드시 필　　　頭머리 두　　　治다스릴 치
弊해어질 폐　　　脩닦을 수　　　亂어지러울 란

61

선비는 이익 때문에 행동을 옮기지 않으며, 걱정 때문에 의지를 바꾸지도 않는다.
　효孝·경敬·충忠·신信의 일에 당했을 때는 비록 죽어도 후회하지 않는다.

士不以利移, 不爲患改, 孝敬忠信之事立, 雖死而不悔.

士선비 사　　　爲위할 위　　　敬공경 경　　　立설 립
不아니할 불,부　　　〃할 위　　　忠충성 충　　　雖비록 수
以써 이　　　患근심 환　　　信믿을 신　　　死죽을 사
利이로울 리　　　改고칠 개　　　之어조사 지　　　而말이을 이
移옮길 이　　　孝효도 효　　　事일 사　　　悔뉘우칠 회

　가지는 그 뿌리를 잊을 수 없고, 덕을 입었을 때
는 그 보답을 잊어서는 안 되며, 이로움을 보면 반
드시 자신을 해칠 것이 아닌가를 염려해야 한다.

　그러므로 군자는 그 정신을 모아 마음에 기탁하기
를 세 가지로 해야 그 길상이 후손에게까지 미치게
된다.

　枝無忘其根, 德無忘其報, 見利必念害身. 故君子留
精神寄心於三者, 吉祥及子孫矣.

枝가지 지	利이로울 리	子임 자	三석 삼
無없을 무	必반드시 필	〃아들 자	者것 자
忘잊을 망	念생각할 념	留머무를 류	吉길할 길
其그 기	害해칠 해	精마음 정	祥조짐 상
根뿌리 근	身몸 신	神혼 신	〃복 상
德덕 덕	故연고 고	寄맡길 기	及미칠 급
報갚을 보	〃예 고	心마음 심	孫자손 손
見볼 견	君스승 군	於어조사 어	矣어조사 의

63

한 마디 말 잘못 내뱉으면 네 필 말도 뒤따를 수 없다. 말 한 마디의 빠르기는 네 필 말도 뒤쫓기 어렵다.

一言而非, 四馬不能追; 一言而忽, 四馬不能及.

一한 일	非그를 비	不아니 불,부	忽홀연 홀
言말씀 언	四녁 사	能능할 능	及미칠 급
而말이을 이	馬말 마	追쫓을 추	

64

그 입으로 음식을 먹어야 온 몸 구석구석이 살찌고, 그 근본에 물을 주어야 지엽枝葉이 무성해진다.
근본이 상하면 가지가 마르게 마련이고, 뿌리가 깊으면 나무 끝까지 무성하게 마련이다.

食其口而節肥, 灌其本而枝葉茂. 本傷者枝槁, 根深者末厚.

食먹이 식	肥살찔 비	茂우거질 무	深깊을 심
其그 기	灌물댈 관	傷다칠 상	末끝 말
口입 구	本근본 본	者어조사 자	厚두터울 후
而말이을 이	枝가지 지	槁마를 고	
節마디 절	葉잎 엽	根뿌리 근	

하늘의 도는 널리 퍼져 순리대로 행해지며, 사람이 이를 취하여 이용하는 것이다. 그런데 물건을 많이 저장만 해두고 쓰지 않으면 원부怨府라는 말을 듣게 된다.

따라서 물건이란 치우치게 한 곳에만 모여서는 안된다.

天道布順, 人事取予, 多藏不用是謂怨府, 故物不可聚也.

天하늘 천	取취할 취	用쓸 용	故연고 고
道길 도	予줄 여	是이 시	〃예 고
布펼 포	〃나 여	〃옳을 시	物물건 물
〃베 포	多많을 다	謂이를 위	可옳을 가
順좇을 순	藏감출 장	怨원한 원	〃가히 가
人사람 인	〃곳집 장	府곳집 부	聚모일 취
事일삼을 사	不아니 불,부	〃마을 부	也어조사 야

66

모책謀策이 누설되면 공을 이룰 수 없으나, 계획 자체를 세우지 않으면 아무 일도 이루어지지 않는다.

謀泄則無功, 計不設則事不成.

謀꾀 모	則곧 즉	計꾀할 계	設베풀 설
泄샐 설	〃법 칙,측	〃셀 계	事일 사
無없을 무	功공 공	不아니할 불,부	成이룰 성

67

하늘의 도는 상법常法이 있을 뿐 요堯가 훌륭하다 고 해서 존속하는 것도 아니며, 걸桀이 포악하다고 해서 사라지는 것도 아니다.

天道有常, 不爲堯存, 不爲桀亡.

天하늘 천	常항상 상	堯요임금 요	〃횃대 걸
道길 도	不아니 불,부	存있을 존	〃사나울 걸
有있을 유	爲할 위	桀하왕이름 걸	亡멸할 망

한 아름밖에 안 되는 나무가 1천 균의 집을 지탱
하며, 5촌밖에 안 되는 자물쇠가 그 집을 통제한다.

　이는 그 재료가 어찌 그 큰 것을 감당하랴만 바로
그 처한 위치가 긴요하기 때문이다.

　一圍之木, 持千鈞之屋; 五寸之鍵, 而制開闔之門.
豈材足任哉, 蓋所居要也.

一한 일	鈞서른근 균	闔닫을 합	蓋대개 개
圍아름 위	屋집 옥	門문 문	〃덮을 개
〃둘레 위	五다섯 오	豈어찌 기	所바 소
之어조사 지	寸마디 촌	材재목 재	居있을 거
〃갈 지	鍵빗장 건	足족할 족	〃곳 거
木나무 목	而말이을 이	〃발 족	要중요로울 요
持버틸 지	制부릴 제	〃지나칠 주	〃구할 요
〃가질 지	〃마를 제	任일 임	也어조사 야
千일천 천	開열 개	哉어조사 재	

　＊蓋所居要:가장 요긴한 장소에 있어 임무를 다할 뿐이라는 뜻.

69

지혜는 의심나는 곳을 그대로 비워 두는 것만한 게 없고, 행동은 후회 없는 일을 하는 것보다 큰 것이 없다.

智莫大於闕疑, 行莫大於無悔也.

智슬기 지	於어조사 어	疑의심할 의	悔뉘우칠 회
莫없을 막	闕빠질 궐	行행실 행	也어조사 야
大큰 대	〃집 궐	無없을 무	

70

선을 쌓는 집에는 반드시 남는 경사까지 있고, 악을 쌓는 집에는 반드시 남는 재앙까지 받으리라.

積善之家, 必有餘慶; 積惡之家, 必有餘殃.

積쌓을 적	〃갈 지	有있을 유	惡악할 악
善착할 선	家집 가	餘남을 여	〃미워할 오
之어조사 지	必반드시 필	慶경사 경	殃재앙 앙

어진 스승과 훌륭한 친구가 그 곁에 있고, 시詩·서書·예禮·악樂이 앞에 진설陳設되어 있는데도 이를 거들떠보지 않고, 나쁜 짓을 하는 자란 거의 없다.

賢師良友在其側, 詩書禮樂陳於前, 棄而爲不善者鮮矣.

賢어질 현	側곁 측	陳늘어놓을 진	〃위할 위
師스승 사	詩시 시	〃말할 진	不아니 불, 부
良좋을 량	書글 서	於어조사 어	善좋아할 선
友벗 우	禮예 례	前앞 전	者사람 자
在있을 재	樂풍류 악	棄버릴 기	鮮적을 선
其그 기	〃즐길 락	而말이을 이	〃고울 선
〃어조사 기	〃좋아할 요	爲할 위	矣어조사 의

돌을 짊어지고 깊은 못에 뛰어드는 것은 행동 중
에 어려운 것이다. 그러나 신도적申屠狄이라는 자가
이를 실행했지만 군자가 이를 훌륭하다고 여기지
않았다.

도척盜跖은 흉악하고 탐욕스러워 그 이름이 해와
달같이 모르는 사람이 없다. 그 이름을 순舜·우禹
와 같이 함께 세상에 전하면서 사라지지도 않는다.
그렇다고 군자가 그 이름을 귀히 여기지는 않는다.

負石赴淵, 行之難者也, 然申屠狄爲之, 君子不貴之也;
盜跖凶貪, 名如日月, 與舜禹竝傳而不息, 而君子不貴.

負질 부	然그러할 연	貴귀히여길 귀	與같을 여
石돌 석	申납 신	盜도둑 도	〃줄 여
赴나아갈 부	〃펼 신	跖사람이름 척	舜순임금 순
淵못 연	屠잡을 도	凶흉악할 흉	禹하우씨 우
行행위 행	狄오랑캐 적	貪탐할 탐	竝아우를 병
之갈 지	爲할 위	名이름 명	傳전할 전
難어려울 난	君스승 군	如같을 여	而말이을 이
者것 자	子임 자	日해 일	息그칠 식
也어조사 야	不아니 불,부	月달 월	

● 申屠狄:人名. 무모한 용기가 있었던 인물.
● 盜跖:古代의 강도.

사나운 짐승이나 여우가 의심을 품고 머뭇거리는 것은 작은 벌이나 전갈이 독침을 쓰는 행동을 실천하는 것만 못하고, 높은 의론을 가졌으면서도 실행에 옮겨지지 않는 것은 낮은 의견이나 공을 세우는 것만 못하다.

猛獸狐疑, 不若蜂蠆之致毒也; 高議而不可及, 不若卑論之有功也.

猛사나울 맹	〃어릴 약	毒독 독	及미칠 급
獸짐승 수	蜂벌 봉	也어조사 야	卑낮을 비
狐여우 호	蠆전갈 채	高높을 고	論견해 론
疑의심할 의	之어조사 지	議의론 의	有있을 유
不아니 불,부	致보낼 치	而말이을 이	功공 공
若같을 약	〃이를 치	可가히 가	

높은 것 두 가지는 함께 중시될 수 없고, 두 가지 다 큰 것은 한 곳에 용납될 수 없다.

또 두 가지 세력은 한 자리에 있을 수 없고, 두 가지 귀한 것은 한 쌍으로 존재할 수 없다.

무릇 중重·용容·동同·쌍雙은 반드시 그 공을 다투게 되어 있다.

따라서 군자는 기욕嗜欲을 절제하여 각각 그 족함을 지켜내기 때문에 능히 장구長久할 수 있는 것이다.

兩高不可重, 兩大不可容, 兩勢不可同, 兩貴不可雙.
夫重容同雙, 必爭其功. 故君子節嗜欲, 各守其足, 乃能長久.

兩두 량	同같이할 동	功공 공	守지킬 수
高높을 고	〃한가지 동	故연고 고	足족할 족
不아니 불,부	貴귀할 귀	君스승 군	乃이에 내
可가히 가	雙쌍 쌍	子임 자	能능히 능
重중히여길 중	夫대저 부	節존절할 절	長길 장
大큰 대	必반드시 필	嗜즐길 기	久오랠 구
容받아들일 용	爭다툴 쟁	欲하고자할 욕	
勢세력 세	其그 기	各각각 각	

증자曾子가 이렇게 말했다.

『어느 한 나라에 들어갔을 때, 그곳 여러 신하들 로부터 말의 믿음을 얻으면 머물러도 된다. 또 군신 들로부터 충성된 행동을 인정받으면 벼슬하는 것도 가하며, 백성에게 은택을 내리면 편안히 여겨도 좋다.』

曾子曰:『入是國也, 言信乎群臣, 則留可也；忠行乎 群臣, 則仕可也；澤施乎百姓, 則安可也.』

曾일찍 증	言말씀 언	留머무를 류	〃못 택
子아들 자	信믿을 신	可옳을 가	施베풀 시
曰가로되 왈	乎어조사 호	忠충성 충	百일백 백
入들 입	群무리 군	行행위 행	姓겨레 성
是이 시	臣신하 신	〃갈 행	安편안할 안
國나라 국	則곧 즉	仕벼슬 사	
也어조사 야	〃법 칙,측	澤은덕 택	

나비애벌레는 누에처럼 생겼고, 두렁허리는 뱀처럼 생겼다. 누구든 뱀이나 나비애벌레를 보면 겁내지 않는 이가 없다.

그러나 여자들은 누에를 치고 어부는 두렁허리를 잡으면서도 싫어하지 않는 것은 무엇 때문인가? 바로 돈을 벌기 때문이다.

또 고기를 잡는 자는 물에 젖고, 사냥하는 자는 열심히 뛰어야 한다. 이는 즐거워서 하는 일이 아니고 일의 방법이 그렇기 때문이다.

蠋類蠶, 鱓類蛇. 人見蛇蠋, 莫不身灑. 然女工脩蠶, 漁者持鱓, 不惡何也, 欲得錢也. 逐魚者濡, 逐獸者趨, 非樂之也, 事之權也.

蠋나비애벌레 촉	身몸 신	惡미워할 오	趨달릴 추
類같을 류	灑깜짝놀라는	〃악할 악	〃재촉할 촉
〃무리 류	모양 쇄	何무엇 하	〃내달을 추
蠶누에 잠	〃물끼얹을 쇄	也어조사 야	非아닐 비
鱓두렁허리 선	然그러할 연	欲하고자할 욕	樂즐거울 락
蛇뱀 사	女계집 녀	得얻을 득	之어조사 지
人사람 인	工일 공	錢돈 전	〃갈 지
見볼 견	脩닦을 수	逐쫓을 축	事일 사
莫없을 막	漁고기잡을 어	魚고기 어	權저울대 권
〃저물 모	者사람 자	濡젖을 유	〃권세 권
不아니 불,부	持가질 지	獸짐승 수	

군자의 말은 적으나 실속이 있고, 소인의 말은 많
으나 속이 비어 있다.

君子之言, 寡而實: 小人之言, 多而虛.

君스승 군	言말씀 언	實채울 실	多많을 다
子임 자	寡적을 과	〃열매 실	虛빌 허
之어조사 지	而어조사 이	小작을 소	
〃갈 지	〃말이을 이	人사람 인	

군자는 충실할수록 빈 듯이 하고, 가졌으면 없는
듯이 한다.

君子實如虛, 有如無.

君스승 군	實채울 실	如같을 여	有가질 유
子임 자	〃열매 실	虛빌 허	無없을 무

군자의 다스림은 처음에는 부족한 것을 보여 주는
것으로 시작하여, 끝에는 더 이상 따를 수 없는 것
에서 그친다.

君子之治也, 始於不足見, 終於不可及也.

君스승 군	也어조사 야	不아니 불,부	終끝날 종
子임 자	始처음 시	足족할 족	〃마칠 종
之어조사 지	〃비롯할 시	見볼 견	可가히 가
治다스릴 치	於어조사 어	〃나타날 현	及미칠 급

군자는 널리 배우고 나서는 이를 익히지 못할까
걱정하며, 익히고 나서는 이를 실행에 옮기지 못할
까 염려하며, 이를 실행한 후에는 남에게 양보하지
못할까 걱정한다.

君子博學, 患其不習; 旣習之, 患其不能行之; 旣能
行之, 患其不能以讓也.

君스승 군	患근심 환	旣이미 기	以어조사 이
子임 자	其그 기	之어조사 지	讓사양할 양
博넓을 박	不아니 불,부	能능할 능	〃겸손할 양
學배울 학	習익힐 습	行행위 행	也어조사 야

높은 곳에 올라보면 남들도 이런 곳에 올라 멀리 보게 했으면 하고, 깊은 못을 내려다보면 남들도 이런 곳에 와서 자세히 들여다보게 했으면 한다.

왜 그렇겠는가? 이는 그가 처한 위치 때문이다.

또 말을 모는 자는 남이 공경해 주기를 바라고, 활을 쏘는 사람은 사람들이 단정히 있어 주기를 바란다.

왜 그렇겠는가? 이는 그런 형세가 편하기 때문이다.

登高使人欲望, 臨淵使人欲窺, 何也? 處地然也. 御者使人恭, 射者使人端, 何也? 其形便也.

登오를 등	臨임할 림	地지위 지	端바를 단
高높을 고	淵못 연	然그러할 연	〃끝 단
使부릴 사	窺엿볼 규	御말부릴 어	其그 기
〃사신 사	何어찌 하	者사람 자	形형세 형
人남 인	也어조사 야	恭공손할 공	便편할 편
欲하고자할 욕	處머무를 처	射쏠 사	〃똥오줌 변
望바라볼 망	〃곳 처	〃쏠 석	

　군자는 그 음식을 부끄럽게 여기지 않으며, 얻기
위해 치욕을 무릅쓰는 일은 하지 않는다.

　君子不以愧食, 不以辱得.

| 君스승 군 | 不아니 불,부 | 愧부끄러워할 괴 | 辱욕될 욕 |
| 子임 자 | 以어조사 이 | 食먹이 식 | 得얻을 득 |

　군자가 대비함이 있으면 아무 일이 없다.

　君子有其備則無事.

| 君스승 군 | 有있을 유 | 備예방할 비 | 無없을 무 |
| 子임 자 | 其그 기 | 則곧 즉 | 事일 사 |

　어진 이를 추천하면 최고의 상을 받아야 하고, 어진 이를 가로막으면 가장 큰 벌을 받아야 하는 것이 옛부터 내려오는 통의通義이다.

　또 조정에서 작위를 내리는 일을 하고, 시정에서는 기시棄示된 자를 두고 의론하는 것이 옛부터 내려오는 통법通法이다.

　進賢受上賞, 蔽賢蒙顯戮, 古之通義也; 爵人於朝, 論人於市, 古之通法也.

進올릴 진	〃덮을 폐	通통할 통	朝조정 조
〃나아갈 진	蒙뒤집어쓸 몽	義의로울 의	〃아침 조
賢어진이 현	顯드러낼 현	也어조사 야	論논할 논
受받을 수	戮죄줄 륙	爵벼슬 작	市저자 시
上위 상	〃죽일 륙	〃참새 작	法법 법
賞상 상	古예 고	人사람 인	
蔽가릴 폐	之어조사 지	於어조사 어	

　＊顯戮:죄인을 죽여 그 시체를 공중에게 보이는 형벌.
　＊棄示:여러 사람 앞에서 죄인의 목을 베어 죽이고, 그 시체를 사람이 많이 모이는 저잣거리에 버림.

85

군자는 그 뜻을 얻는 것을 즐거워하고, 소인은 그 일을 얻는 것을 즐거워한다.

君子樂得其志, 小人樂得其事.

君스승 군　　"풍류 악　其그 기　　人사람 인
子임 자　　"좋아할 요　志뜻 지　　事일 사
樂즐거울 락　得얻을 득　小작을 소　　"섬길 사

86

군자는 모든 일을 의에 비유하여 기준을 삼고, 농부는 모든 것을 곡식에 비유하여 기준을 삼는다.

君子比義, 農夫比穀.

君스승 군　　比견줄 비　農농부 농　　夫사내 부
子임 자　　義의로울 의　"농사 농　穀곡식 곡

도란 희미한 듯하나 밝은 것이고, 담담한 듯하나 공이 있는 것이다.

도가 아닌데도 얻고, 때가 아닌데도 일을 일으키는 것을 망성妄成이라 한다. 얻으면 잃게 마련이고 안정되면 다시 기울게 마련이다.

道微而明, 淡而有功. 非道而得, 非時而生, 是謂妄成; 得而失之, 定而復傾.

道길 도	〃싱거울 담	生만들 생	失잃을 실
微희미할 미	有있을 유	是이 시	之어조사 지
〃작을 미	功공 공	〃옳을 시	定편안할 정
而말이을 이	非아닐 비	謂이를 위	復다시 부
明밝을 명	得얻을 득	妄허망할 망	〃돌아갈 복
淡담박할 담	時때 시	成이룰 성	傾기울 경

88

무릇 지혜로운 자는 망령되이 행동하지 않으며,
참 용기를 가진 자는 마구 사람을 죽이지 않는다.

夫智者不妄爲, 勇者不妄殺.

夫대저 부   者사람 자   爲행할 위   殺죽일 살
"사내 부   不아니 불,부   "행위 위   "덜 쇄
智지혜 지   妄망령될 망   勇용감할 용

89

마음에 원리를 터득하면 만물도 족히 그를 어쩌지
못하나, 마음에서 모든 것을 잃으면 자기 자신도 지
켜낼 수 없다.

心之得, 萬物不足爲也; 心之失, 獨身不能守也.

心마음 심   物만물 물   爲다스릴 위   獨홀로 독
之어조사 지   不아니 불,부   "할 위   身몸 신
得얻을 득   足족할 족   也어조사 야   能능할 능
萬일만 만   "발 족   失잃을 실   守지킬 수

　복이란 화의 문이며, 옳다는 것은 그르다는 것의
인도자引導者이고, 치治라고 하는 것은 난亂의 선도
자先導者이다.

　일의 종시終始를 살피지 않았는데도 환난이 미치
지 않는 경우란 이제껏 듣지 못했다.

　福者, 禍之門也; 是者, 非之尊也; 治者, 亂之先也.
事無終始而患不及者, 未之聞也.

福복 복	〃이 시	事일 사	不아니 불, 부
者것 자	非그를 비	無없을 무	及미칠 급
禍재앙 화	尊높을 존	終끝 종	未아닐 미
之어조사 지	〃술통 준	始처음 시	聞들을 문
門문 문	治다스릴 치	而말이을 이	
也어조사 야	亂어지러울 란	患재앙 환	
是옳을 시	先먼저 선	〃근심 환	

* 원문 〈尊〉은 〈導〉의 잘못으로 봄.

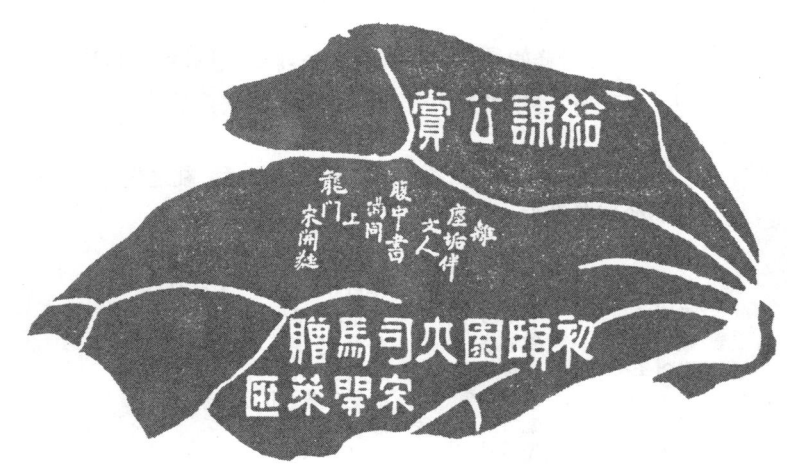

　사람을 판단할 때는 그가 귀해졌을 때는 누구를 추천하는가를 보고, 부유해졌을 때는 무엇을 베푸는가를 보며, 가난할 때는 무엇을 어떻게 취하는가를 볼 것이며, 궁해졌을 때는 무슨 짓을 하는가를 보라. 이로 말미암아 보면 그의 사람됨을 알 수 있다.

　貴視其所擧, 富視其所與, 貧視其所不取, 窮視其所不爲, 由此觀之可知也.

貴귀할 귀	〃들 거	窮궁할 궁	觀볼 관
視볼 시	富부유할 부	爲할 위	之어조사 지
其그 기	與줄 여	〃행위 위	可가히 가
所바 소	貧가난할 빈	由말미암을 유	知알 지
擧올릴 거	取취할 취	此이 차	

　먼저 덕의德義를 앞으로 내세우고, 용병用兵은 뒤로 미루라.

　德義在前, 用兵在後.

德덕 덕	在있을 재	用쓸 용	後뒤 후
義의로울 의	前앞 전	兵군사 병	

이미 새기고 쪼은 것도 질박質樸한 곳으로 되돌아
간다. 물질은 서로 반복하여 결국 근본으로 돌아간다.

已雕已琢, 還反於樸, 物之相反, 復歸於本.

已이미 이	反도리어 반	物물건 물	歸돌아갈 귀
〃그칠 이	〃돌이킬 반	之어조사 지	本근본 본
雕새길 조	於어조사 어	相서로 상	〃밑 본
琢쫄 탁	樸순박할 박	復돌아갈 복	
還돌아갈 환	〃통나무 박	〃다시 부	

하늘과 땅은 따로이 친한 이가 없으되 언제나 착
한 이와는 함께 한다.

天地無親, 常與善人.

天하늘 천	親친한이 친	與더불 여	〃잘할 선
地땅 지	〃친할 친	〃줄 여	人사람 인
無없을 무	常항상 상	善착할 선	〃남 인

　어리석은 사람이 활쏘기를 배울 때에 화살만 보고 쏘기 때문에 그 화살은 다섯 걸음 안에 떨어지고 마는 것인데, 이를 모르고 다시 쏠 때도 역시 화살만 보고 쏜다.

　세상은 변했는데도 그 의견을 고치지 않는 것은, 비유컨대 마치 활쏘기를 배우는 어리석은 사람과 같다.

　愚人有學遠射者, 參矢而發, 已射五步之內, 又復參矢而發；世以易矣, 不更其儀, 譬如愚人之學遠射.

愚어리석을 우	〃섞일 참	又또 우	矣어조사 의
有있을 유	矢화살 시	復다시 부	更고칠 경
學배울 학	而말이을 이	〃돌아갈 복	其그 기
遠멀 원	發쏠 발	世인간 세	儀거동 의
射쏠 사	已그칠 이	以써 이	譬비유할 비
者것 자	步걸음 보	易바꿀 역	如같을 여
參별이름 삼	內안 내	〃쉬울 이	

96

말에 의심스러움이 많은 자는 남이 그를 가까이하려 하지 않으며, 행동에 의심스러움이 있는 자는 남이 그를 따라 주지 않는다.

言疑者無犯, 行疑者無從.

| 言말씀 언 | 者사람 자 | 犯범할 범 | 行행실 행 |
| 疑의심할 의 | 無없을 무 | 〃침범할 범 | 從좇을 종 |

97

지위가 높고 도道도 큰 자는 남이 따르게 되고, 일은 크나 그를 처리하는 도가 협소한 자는 흉凶하게 된다.

位高道大者從, 事大道小者凶.

位자리 위	〃길 도	從좇을 종	小작을 소
高높을 고	大큰 대	事일 사	凶흉할 흉
道도 도	者사람 자	〃섬길 사	〃재앙 흉

　순舜임금이 한갓 농사를 짓고 있을 때는 그 이웃에게조차 아무런 이득을 줄 수 없었다. 그러나 그가 천자가 되자 천하가 모두 그의 은덕을 입게 되었다.

　따라서 군자는 궁할 때는 스스로 자신을 잘 수양하고, 현달하면 천하에 도움이 되는 것이다.

　舜耕之時不能利其隣人, 及爲天子, 天下戴之. 故君子窮則善其身, 達則利於天下.

舜순임금 순	利이로울 리	子아들 자	則곧 즉
耕갈 경	其그 기	下아래 하	善옳게할 선
之어조사 지	隣이웃 린	戴받들 대	身몸 신
時때 시	及미칠 급	故연고 고	達통할 달
不아니 불,부	爲될 위	君스승 군	於어조사 어
能능할 능	天하늘 천	窮궁할 궁	

＊戴는 覆戴, 즉 은혜를 蒙受하다의 뜻으로 봄.

군자는 때를 만나면 물처럼 순종하고, 소인은 때
를 만나면 불처럼 날뛴다.

君子得時如水, 小人得時如火.

君스승 군   得얻을 득   如같을 여   小작을 소
子임 자   時때 시   水물 수   火불 화

임금을 섬기면서 자신의 진언進言이 받아들여지지
않으면 그 작위를 사양하고, 그 의를 실천할 수 없
으면 녹祿을 내놓아야 한다.

事君不得進其言則辭其爵, 不得行其義則辭其祿.

事섬길 사   〃나아갈 진   辭사양할 사   行행할 행
君임금 군   其어조사 기   〃말씀 사   義의로울 의
不아니 불,부   〃그 기   爵벼슬 작   祿녹 록
得얻을 득   言말씀 언   〃참새 작
進올릴 진   則곧 즉   〃잔 작

시간이여! 시간이여! 일을 도모할 틈을 주지 않는 구나.

지극히 중요한 시간에 잠시 쉴 틈도 없구나.

힘써 일하며 쉬지 않으니 장차 스스로 쉴 틈이 오리라. 베풀고도 스스로 가지지 않으니, 이것이 장차 스스로 가진 것이로다!

時乎時乎, 間不及謀; 至時之極, 間不容息. 勞而不休, 亦將自息; 有而不施, 亦將自得.

時때 시	謀꾀 모	息쉴 식	〃장수 장
乎어조사 호	至지극히 지	勞일할 로	自스스로 자
〃그런가 호	之어조사 지	而말이을 이	有가질 유
間틈 간	極다할 극	休쉴 휴	施베풀 시
不아니 불,부	容받아들일 용	亦또한 역	得얻을 득
及미칠 급	〃얼굴 용	將장차 장	

102

자식이 불효하면 내 아들이 아니며, 사귐에 믿음
이 없으면 이는 나의 친구가 아니다.

子不孝, 非吾子也; 交不信, 非吾友也.

子아들 자	非아닐 비	〃우리 오	信믿을 신
不아니할 불,부	〃그를 비	也어조사 야	友벗 우
孝효도 효	吾나 오	交사귈 교	〃벗할 우

103

군자는 복이 고루 미치지 못하면 어쩌나 걱정하
고, 화는 1백 가지 중 하나라도 미치면 어쩌나 하고
염려한다.

君子慮福不及, 慮禍百之.

君스승 군	〃생각할 려	及미칠 급	之이를 지
子임 자	福복 복	禍재난 화	〃갈 지
慮걱정할 려	不아니 불,부	百일백 백	

　무릇 욕심을 절제하고 간언을 들어 주어야 하며, 어진 이에게 맡기되 거만하게 굴지 말며, 능력 있는 이를 부리되 천하게 굴지 않는 것, 이것이 임금된 자가 능히 실현해야 할 것이다.

　이 세 가지를 능히 실천하면 그 나라는 반드시 강대해지고, 그 백성들도 흩어지지 않을 것이다.

　夫節欲而聽諫, 敬賢而勿慢, 使能而勿賤, 爲人君能.
行此三者, 其國必强大而民不去散矣.

夫대저 부	而말이을 이	人사람 인	必반드시 필
節존절할 절	勿말 물	君임금 군	强강할 강
欲하고자할 욕	慢거만할 만	行행할 행	大큰 대
而말이을 이	使부릴 사	此이 차	民백성 민
聽들을 청	能능할 능	三석 삼	不아니 불,부
諫간할 간	〃능히 능	者것 자	去버릴 거
敬공경 경	賤천할 천	其그 기	散흩어질 산
賢어진이 현	爲할 위	國나라 국	矣어조사 의

간자가 말했다.

『오직 어진 자라야 능히 은혜를 갚을 줄 안다. 불초한 자는 은혜를 갚을 줄 모른다.

비유컨대, 무릇 도리桃李를 심으면 여름엔 그 그늘에 쉴 수 있을 뿐만 아니라, 가을에는 그 과일까지 먹을 수 있게 된다.

그러나 찔레를 심으면 여름에 그 그늘에 쉴 수도 없을 뿐 아니라, 가을엔 오히려 그 가시밖에 더 얻겠는가.』

簡子曰：『唯賢者爲能報恩，不肖者不能．夫樹桃李者，夏得休息，秋得食焉．樹蒺藜者，夏不得休息，秋得其刺焉．』

簡대쪽 간	肖닮을 초	得얻을 득	蒺납가새 질
唯오직 유	夫대저 부	休쉴 휴	藜납가새 려, 리
賢어질 현	〃지아비 부	息쉴 식	刺가시 자
爲할 위	樹심을 수	秋가을 추	〃찌를 척
能능할 능	桃복숭아 도	食먹을 식	〃수놓을 자
報갚을 보	李오얏 리	焉이에 언	
恩은혜 은	夏여름 하	〃어조사 언	

106

　선을 행하는 자는 도를 얻게 되고, 악을 행하는
자는 도를 잃게 된다.

　爲善者得道, 爲惡者失道.

爲할 위	者사람 자	道도 도	〃미워할 오
善착할 선	得얻을 득	惡악할 악	失잃을 실

107

　의로운 선비는 자기 마음을 속이지 않으며, 청렴
한 선비는 망령되이 취하지 않는다.

　義士不欺心, 廉士不妄取.

義의로울 의	不아니할 불,부	心마음 심	妄망령될 망
士선비 사	欺속일 기	廉청렴 렴	取취할 취

주공이 말했다.

『덕행을 널리 베풀면서 이를 공경으로 지키는 자
는 영화를 얻고, 토지를 넓게 가져 부유하면서도 이
를 검약으로 지키는 자는 안녕을 얻으며, 녹위가 높
고 성한 자로서 이를 겸비로 지키는 자는 귀함을
얻으며, 많은 무리에 강한 병력을 가지고 있으면서
도 두려워하는 마음으로 지키는 자는 승리를 얻고,
총명과 예지가 있으면서도 우매한 듯이 지키는 자
는 이익을 얻으며, 널리 듣고 많이 기억하나 스스로
낮은 듯이 지키는 자는 넓음을 얻는다.

이 여섯 가지의 지킴은 모두가 결국 겸덕이다.』

周公曰:『德行廣大而守以恭者榮, 土地博裕而守以儉
者安, 祿位尊盛而守以卑者貴, 人衆兵强而守以畏者勝,
聰明叡智而守以愚者益, 博聞多記而守以淺者廣; 此六
守者, 皆謙德也.』

周주나라 주	裕넉넉할 유	衆무리 중	益더할 익
〃두루 주	儉검소할 검	兵병사 병	聞들을 문
德덕 덕	祿녹 록	强굳셀 강	記기억할 기
廣넓을 광	位자리 위	畏두려워할 외	淺얕을 천
守지킬 수	尊높을 존	勝이길 승	此이 차
恭공손할 공	盛성할 성	聰밝을 총	皆다 개
榮영화 영	卑낮출 비	叡슬기로울 예	謙겸손할 겸
博넓을 박	貴귀할 귀	愚어리석을 우	

109

의식이 풍족해야 영화와 욕됨을 알고, 창고가 가
득 차야 예절을 알게 된다.

衣食足, 知榮辱; 倉廩實, 知禮節.

衣옷 의	知알 지	〃푸를 창	節마디 절
食먹이 식	榮영화 영	廩곳집 름	〃절개 절
足족할 족	辱욕될 욕	實채울 실	
〃발 족	倉곳집 창	禮예 례	

110

강하江河의 넘침도 사흘을 넘지 못하고, 회오리바
람 폭풍우도 수유須臾를 넘기지 못한다.

江河之溢, 不過三日; 飄風暴雨, 須臾而畢.

江강 강	過지날 과	風바람 풍	臾잠깐 유
河강 하	〃허물 과	暴사나울 폭,포	而말이을 이
之어조사 지	三석 삼	雨비 우	畢마칠 필
溢넘칠 일	日날 일	須잠깐 수	〃그물 필
不아니 불,부	飄회오리바람 표	〃기다릴 수	

111

지혜로운 자는 시작은 깨달음으로부터 하고 마침
은 화해和諧에서 끝낸다. 그러나 어리석은 자는 즐
거움에서 시작하여 슬픔으로 마친다.

知者始於悟, 終於諧; 愚者始於樂, 終於哀.

知슬기 지   於어조사 어   諧화할 해   〃풍류 악
者사람 자   悟깨달을 오   愚어리석을 우 〃좋아할 요
始처음 시   終끝날 종   樂즐거울 락   哀슬플 애

112

남의 악을 들추기 좋아하면 남도 나의 악을 들출
것이요, 남을 미워하기를 즐기는 자, 그 역시 남으로
부터 미움을 받으리라.

好稱人惡, 人亦道其惡; 好憎人者, 亦爲人所憎.

好좋아할 호   〃미워할 오   其어조사 기   〃것 자
稱드러낼 칭   亦또한 역   〃그 기   爲할 위
人남 인   道말할 도   憎미워할 증   〃될 위
惡악할 악   〃길 도   者사람 자   所바 소

공자가 말했다.

『그 말하는 것을 보고 그 행동을 살펴야 한다.

무릇 말이란 그 가슴 속의 뜻을 드러내고, 그 정情은 겉으로 보이는 것으로써 능히 실천에 옮길 줄 아는 선비는 그 말도 신의가 있게 마련이다.

이 까닭으로 그 언사를 보아 그 행동의 도리를 알 수 있는 것이니, 말은 그 행동을 규제하기 때문에 비록 간사한 사람일지라도 자기 뜻을 벗어나지 못하는 것이다.』

孔子曰：『觀其言而察其行，夫言者所以抒其匈而發其情者也，能行之士必能言之，是故先觀其言而揆其行，夫以言揆其行，雖有姦軌之人，無以逃其情矣。』

觀볼 관	發드러낼 발	〃예 고	軌간사할 궤
察살필 찰	〃쏠 발	揆헤아릴 규	〃바퀴자국 궤
行행할 행	情뜻 정	〃벼슬 규	逃떠날 도
夫대저 부	能능할 능	雖비록 수	〃달아날 도
抒쏠을 서	是이 시	姦간사할 간	矣어조사 의
匈가슴 흉	故연고 고	〃간음할 간	

114

복은 미미한 데서 생겨나고, 화는 경홀輕忽히 하는 데서 생겨난다. 밤낮으로 두려워하여 맡은 일 잘 마치지 못할까 두려워하라.

福生於微, 禍生於忽, 日夜恐懼, 惟恐不卒.

福복 복	忽소홀히할 홀	恐두려워할 공	不아니 불,부
生날 생	〃홀연 홀	懼두려워할 구	卒마칠 졸
於어조사 어	日낮 일	惟이 유	〃군사 졸
微작을 미	〃날 일	〃생각할 유	
禍재난 화	夜밤 야	〃오직 유	

115

제어기가 말했다.

『땅이 물을 담으면 그 물이 평평해지고, 나무가 먹줄을 만나면 곧게 켤 수 있으며, 임금이 간언을 받아들이면 성군聖君이 될 수 있다.』

諸御己曰:『土負水者平, 木負繩者正, 君受諫者聖.』

諸여러 제	負힘입을 부	繩먹줄 승	受받을 수
御어거할 어	〃질 부	正바를 정	諫간할 간
己몸 기	平고를 평	君임금 군	聖성스러울 성

공자가 말했다.

『하늘의 도에 의하면 완성된 것은 오래 지속된 것이 없음을 알 수 있다. 학문이라는 것은 빈 마음으로 받아들이는 것이다. 그래서 얻음이 있는 것이다.

진실로 지식을 접하고 가득 찬 것을 놓지 않으려고 한다면, 천하의 선한 말들이 귀로 들어올 수가 없다.』

孔子曰:『天之道成者, 未嘗得久也. 夫學者以虛受之, 故曰得, 苟接知持滿, 則天下之善言不得入其耳矣.』

孔구멍 공	得얻을 득	苟진실로 구	則곧 즉
道길 도	久오랠 구	〃구차할 구	〃법 칙, 측
成이룰 성	學배울 학	接접할 접	善착할 선
未아닐 미	以써 이	知알 지	其그 기
嘗일찍이 상	虛빌 허	持가질 지	耳귀 이
〃맛볼 상	受받을 수	滿찰 만	矣어조사 의

오직 자기 자신에게 조심하여 쓸데없이 운운云云
하지 말라.

愼之於身, 無曰云云.

愼삼갈 신	之어조사 지	身몸 신	曰가로되 왈
〃진실로 신	於어조사 어	無없을 무	云이를 운

● 云云 : 변명을 늘어 놓은 것.

무겁게 실어 위험하게 해놓고 채찍을 들고 뒤에서
재촉만 하는 행위는 온전한 것이라 볼 수 없다.

重載而危之, 操策而隨之, 非所以爲全也.

重무거울 중	危위태할 위	策채찍 책	以써 이
〃거듭 중	之어조사 지	〃꾀 책	爲할 위
載실을 재	〃갈 지	隨따를 수	全온전할 전
而말이을 이	操잡을 조	非아닐 비	也어조사 야
〃어조사 이	〃절개 조	所바 소	

공자가 말했다.

『군자가 음악을 좋아하는 것은 교만을 덜기 위함이요, 소인이 음악을 좋아하는 것은 두려움을 없애기 위함이다.

따라서 유폐幽閉를 당해 보지 않으면 그 생각이 원대하지 못하고, 그 몸이 제약을 받아 보지 않으면 지혜가 넓어지지 않는다.』

孔子曰：『君子好樂爲無驕也, 小人好樂爲無懾也, 故居不幽, 則思不遠, 身不約則智不廣.』

君스승 군	爲할 위	故고로 고	遠멀 원
好좋을 호	驕교만할 교	居살 거	身몸 신
樂풍류 악	也어조사 야	幽가둘 유	約묶을 약
〃즐거울 락	無없을 무	則곧 즉	智지혜 지
〃좋아할 요	懾두려워할 섭	思생각 사	廣넓을 광

120

입술이 없으면 이가 시린 법, 하수河水가 무너지
면 높은 산에서 살 걸 하고 생각한다.

脣亡而齒寒, 河水崩, 其懷在山.

脣입술 순	齒이 치	崩무너질 붕	〃품을 회
亡없을 망	寒찰 한	其어조사 기	在있을 재
〃잃을 망	河내 하	〃그 기	山메 산
而말이을 이	水물 수	懷마음 회	

121

어떤 부끄러움도 능히 참는 자는 편안할 것이요,
그 어떤 욕됨도 능히 참는 자는 오래 존속하리라.

能忍恥者安, 能忍辱者存.

能능할 능	恥부끄러울 치	安편안할 안	存있을 존
忍참을 인	者사람 자	辱욕될 욕	〃보존할 존

지혜에 해독害毒을 끼치는 것으로 술보다 더한 것이 없고, 일을 그르치게 하는 것으로는 즐거움보다 더한 것이 없다.

또 청렴을 해치는 것으로는 색色보다 더한 것이 없고, 강직剛直을 꺾는 것은 도리어 자기 스스로가 약하다고 자멸하기 때문이다.

毒智者莫甚於酒；留事者莫甚於樂；毁廉者莫甚於色；摧剛者反己於弱.

毒독 독	甚심할 심	事일 사	摧꺾을 최
智지혜 지	於어조사 어	樂즐거울 락	剛굳셀 강
者것 자	酒술 주	毁헐 훼	反도리어 반
莫없을 막	留뒤질 류	廉청렴 렴	己몸 기
〃저물 모	〃머무를 류	色색 색	弱약할 약

* 弱:溺(빠질 닉)으로 봄.

재주가 충분하나 맡은 임무가 가벼우면 이름을 날리게 되지만, 재주가 모자란데도 맡은 임무가 크면 몸도 죽고 이름도 망치게 된다.

才賢任輕則有名, 不肖任大, 身死名廢.

才재주 재	則곧 즉	不아니 불,부	死죽을 사
賢나을 현	〃법 칙,측	肖닮을 초	廢못쓰게될 폐
〃어질 현	有있을 유	〃쇠할 소	〃폐할 폐
任일 임	〃가질 유	大큰 대	
輕가벼울 경	名이름 명	身몸 신	

복이란 남의 충간을 받아들이는 데에 있다. 이것이 길이 존속할 수 있는 지름길이다.

福在受諫, 存之所由也.

福복 복	諫간할 간	〃갈 지	〃말미암을 유
在있을 재	存있을 존	所바 소	也어조사 야
受받을 수	之어조사 지	由까닭 유	

사람의 생각은 두 가지를 한꺼번에 날카롭게 볼 수가 없고, 일이란 두 가지를 동시에 융성하게 할 수는 없다. 한쪽이 성하면 다른 한쪽은 쇠하기 마련이며, 오른쪽이 길면 왼쪽은 짧을 수밖에 없다. 밤에 누워 뒤척이기 좋아하는 자는 아침 일찍 일어날 수가 없는 것이다.

意不竝銳, 事不兩隆. 盛於彼者, 必衰於此; 長於左者, 必短於右; 喜夜臥者, 不能蚤起也.

意뜻 의	〃냥 냥	衰쇠할 쇠	夜밤 야
不아니할 불,부	隆성할 륭	此이 차	臥누울 와
竝아우를 병	盛성할 성	長길 장	能능할 능
銳날카로울 예	於어조사 어	〃어른 장	〃별이름 태
〃날랠 예	彼저 피	左왼 좌	蚤일찍 조
事일 사	者것 자	短짧을 단	〃벼룩 조
兩두 량	〃사람 자	右오른쪽 우	起일어날 기
〃양 량	必반드시 필	喜좋아할 희	也어조사 야

126

세상이 혼돈스럽고 탁하나 나 홀로 맑고, 모든 사람이 다 취했으나 나 홀로 깨어 있다.

世之溷濁而我獨淸, 衆人皆醉而我獨醒.

世인간 세　　濁흐릴 탁　　淸맑을 청　　醉취할 취
之어조사 지　　而말이을 이　　衆무리 중　　醒깰 성
溷흐릴 혼　　我나 아　　人사람 인
〃어지러울 혼　　獨홀로 독　　皆다 개

127

작은 충성은 큰 충성의 해가 될 뿐이며, 작은 이익은 큰 이익의 방해만 된다.

小忠, 大忠之賊也; 小利, 大利之殘也.

小작을 소　　大큰 대　　賊해칠 적　　利이로울 리
忠충성 충　　之어조사 지　　也어조사 야　　殘재앙 잔

산림을 다 태우며 사냥을 하면 얻는 짐승은 비록 많을지 모르나 이듬해에는 잡을 것이 없게 되고, 못의 물을 다 퍼내고 고기를 잡으면 많은 고기를 얻을 수는 있으나 역시 이듬해에는 잡을 것이 없게 된다.

사술을 쓰면 비록 목전의 이익은 훔칠 수 있겠지만 뒤에 큰 보답은 없다.

焚林而田, 得獸雖多, 而明年無復也; 乾澤而漁, 得魚雖多, 而明年無復也. 詐猶可以偸, 利而後無報.

焚탈 분	多많을 다	乾마를 건	以써 이
林수풀 림	明밝을 명	澤못 택	偸훔칠 투
而말이을 이	年해 년	漁고기잡을 어	利이로울 리
田사냥할 전	無없을 무	魚물고기 어	後뒤 후
得얻을 득	復되풀이할 복	詐속일 사	報갚을 보
獸짐승 수	〃다시 부	猶꾀할 유	
雖비록 수	也어조사 야	可가히 가	

무릇 어진 자는 남과 화합하기를 좋아하고, 어질 지 못한 자는 남과 분리되기를 좋아한다.

그래서 군자가 사람 사이에 거하면 다스려지고, 소인이 사람들 사이에 끼이면 난이 생긴다.

군자가 남과 화합하려는 것은 비유컨대 물·불이 비록 서로 같이 못하나, 그 사이에 솥을 걸어두면 물·불이 서로 난을 일으키기는커녕 1백 가지 맛을 조화롭게 해주는 것과 같다.

그 때문에 군자는 사람들 사이에 누구를 세울까 하는 일에 조심하지 않으면 안 된다.

夫仁者好合人, 不仁者好離人, 故君子居人間則治, 小人居人間則亂; 君子欲和人, 譬猶水火不相能然也, 而鼎在其間, 水火不亂, 乃和百味. 是以君子不可不愼 擇人在其間.

夫대저 부	居살 거	譬비유할 비	其그 기
仁어질 인	間사이 간	猶같을 유	乃이에 내
者사람 자	則곧 즉	相서로 상	味맛 미
好좋을 호	治다스릴 치	能능할 능	愼삼갈 신
合합할 합	亂어지러울 란	然그럴 연	擇가릴 택
離떨어질 리	欲하고자할 욕	鼎솥 정	
故연고 고	和화목할 화	在있을 재	

공자는 이렇게 설명했다.

『남을 위협으로 끌고 들어오는 자는 많은 비용만 쓸 뿐이므로 끝까지 그를 부릴 수 없다.

또 남을 이기기를 좋아하는 자는 남의 일까지 간섭하여 자기가 하려고 들기 때문에 법도에 어긋날 수가 있다.

그런가 하면 말 잘하는 자는 허탄虛誕하고 믿음이 적으며, 그 실적을 기대하기가 어렵다.』

孔子曰:『拑者大給利不可盡用; 健者必欲兼人, 不可以爲法也; 口銳者多誕而寡信, 後恐不驗也.』

拑재갈먹일 겸	健굳셀 건	多많을 다	信믿을 신
給넉넉할 급	欲하고자할 욕	誕거짓 탄	後뒤 후
〃줄 급	兼겸할 겸	〃날 탄	恐두려워할 공
利이로울 리	法법 법	寡적을 과	驗보람 험
盡다할 진	銳날카로울 예	〃홀어미 과	

131

물이 격랑이 되면 사나워지고, 화살이 격하면 멀리 나간다. 사람은 명예를 소중히 여기되 그 성망聲望을 허무는 법이 없다.

水激則悍, 矢激則遠, 人激於名, 不毁爲聲.

水물 수	悍사나울 한	於어조사 어	爲할 위
激과격할 격	矢화살 시	名이름 명	聲소리 성
〃부딪칠 격	遠멀 원	不아니 불,부	
則곧 즉	人사람 인	毁헐 훼	

132

우물에 자라와 악어가 없는 것은 그 우물이 너무 좁기 때문이요, 동산에 수풀이 없는 것은 동산이 너무 작기 때문이다.

坎井無黿鼉者, 隘也; 園中無修林者, 小也.

坎구덩이 감	鼉악어 타	也어조사 야	〃오랠 수
井우물 정	者것 자	園동산 원	林수풀 림
無없을 무	隘좁을 애	中가운데 중	小작을 소
黿자라 원	〃막을 애	修닦을 수	

월석보가 말했다.

『어리석은 사람일수록 스스로는 어진 줄 알고, 우둔한 자일수록 스스로는 많은 것을 아는 줄 안다. 또 요행을 바라는 자는 모두가 마음과 말이 달리 표현되며, 남에게는 말을 하지 못하게 한다.

이는 비유컨대 목이 마른 후에야 우물을 파고, 난에 임해서야 무기를 만드는 경우와 같아 비록 아무리 빨리 좇는다 해도 미치지 못한다.』

越石父曰：『不肖人, 自賢也; 愚者, 自多也; 佞人者, 皆莫能相其心口以出之, 又謂人勿言也. 譬之猶渴而穿井, 臨難而後鑄兵, 雖疾從而不及也.』

越넘을 월　〃저물 모　〃원숭이 유　鑄부어만들 주
肖닮을 초　能능할 능　渴목마를 갈　兵병장기 병
賢어질 현　相서로 상　穿뚫을 천　雖비록 수
愚어리석을 우　謂이를 위　井우물 정　疾빠를 질
佞아첨할 녕　勿말 물　臨임할 림　〃병 질
皆다 개　譬비유할 비　難어려울 난　從좇을 종
莫없을 막　猶같을 유　後뒤 후　及미칠 급

낮은 선비는 관직을 얻어서 죽고, 높은 선비는 관
직을 얻어서 살아난다.

下士得官以死, 上士得官以生.

下아래 하   得얻을 득   以써 이   上위 상
士선비 사   官벼슬 관   死죽을 사   生살릴 생

궁벽한 시골에는 곡학曲學도 많다. 조금 말 잘하
는 것은 큰 지혜를 해치고, 교언巧言은 믿음을 폐하
게 하며, 작은 은혜는 대의大義를 훼방한다.

窮鄕多曲學, 小辯害大知, 巧言使信廢, 小惠妨大義.

窮궁할 궁   小조금 소   〃알 지   惠은혜 혜
〃다할 궁   辯말잘할 변   巧공교할 교   妨방해할 방
鄕시골 향   〃두루 변   言말씀 언   義의로울 의
多많을 다   害해칠 해   使부릴 사   〃옳을 의
曲굽을 곡   大큰 대   信믿을 신
學배울 학   知슬기 지   廢폐할 폐

• 曲學 : 학문을 曲解함.
• 巧言 : 잘 꾸며서 듣기 좋게 하는 말.

　맑은 거울이 형체를 밝게 비추어 주듯이 지나간
옛날이란 오늘을 알게 해주는 거울인 것이다.

　무릇 옛날 망한 원인을 알아보기 싫어하고, 또 옛
날 창성했던 원인을 그대로 힘쓰지 않으면 이는 뒷
걸음질치면서 앞사람을 따라잡으려는 것과 다를 바
가 없다.

　이에 옛날을 놓치지 않는 것이 곧 판별력이라 할
수 있을 것이다.

　明鏡所以照形也, 往古所以知今也, 夫知惡往古之所
以危亡, 而不務襲迹於其所以安昌, 則未有異乎却走而
求逮前人也, 則其弗失可識矣.

明밝을 명	古예 고	〃자취 적	逮미칠 태
鏡거울 경	惡미워할 오	安편안할 안	〃잡을 체
照비출 조	危위태할 위	昌창성할 창	弗아닐 불
形형상 형	務힘쓸 무	異다를 이	失잃을 실
往옛 왕	襲물려받을 습	却물러날 각	識알 식
〃갈 왕	迹좇을 적	走달아날 주	〃식견 식

137

이익은 두 가지를 같이 잡을 수 없고, 상은 두 배를 함께 받을 수 없다.

利不兼, 賞不倍.

利이로울 리   不아니 불,부   〃쌍을 겸   〃상줄 상
〃이 리   兼겸할 겸   賞상상 상   倍곱 배

138

집안은 어떻게 다스려 나가고, 그 자식에게 어떤 이름을 지어 주는가를 보면 그의 선비됨을 족히 알 수 있다.

制宅名子, 足以觀士.

制바로잡을 제   名이름 명   〃발 족   〃써 이
〃부릴 제   子아들 자   〃지나칠 주   觀볼 관
宅집 택,댁   足족할 족   以어조사 이   士선비 사

　지혜로우면서 그 지혜를 사사로운 데에 쓰는 것
은, 어리석으면서 그 어리석으나마 공공에 쓰는 것
만 못하다.

　그래서 교위巧僞는 졸성拙誠만 못하다고 하는 것
이다.

智而用私, 不如愚而用公, 故曰, 巧僞不如拙誠.

智슬기로울 지	不아니할 불,부	故연고 고	僞거짓 위
而어조사 이	如같을 여	〃고로 고	拙못날 졸
用쓸 용	愚어리석을 우	曰가로되 왈	誠정성 성
私사사로이 사	公공 공	巧공교할 교	

●巧僞:재주가 뛰어나지만 위선을 부림.
●拙誠:졸렬하나 성실함.

140

한 번 잘못하여 목이 메이면 그 때문에 밥을 먹을
수 없게 되고, 한 번 넘어져 다리를 삐게 되면 그
때문에 걷지를 못한다.

一噎之故, 絶穀不食; 一蹶之故, 却足不行.

一한 일	〃고로 고	食밥 식	〃물리칠 각
噎목멜 열	絶끊을 절	蹶넘어질 궐	足발 족
之어조사 지	穀곡식 곡	〃움직일 궤	〃지나칠 주
故연고 고	不아니 불,부	却뒤집을 각	行다닐 행

141

음란은 느린 듯하지만, 그 변화는 빨라 수水·화
火·금金·목木이 서로 물려 돌고도네!

淫亂之漸, 其變爲興, 水火金木轉相勝.

淫음란할 음	其그 기	水물 수	〃돌릴 전
亂어지러울 란	變변화 변	火불 화	相서로 상
之어조사 지	爲할 위	金쇠 금	勝이길 승
〃갈 지	興흥할 홍	木나무 목	〃나을 승
漸점점 점	〃일어날 흥	轉구를 전	

공자가 말했다.

『군자는 자기 행동을 잘 닦았으나 얻지 못해도 그렇게 뜻을 둔 것만으로도 즐겁게 여기며, 얻게 되면 지혜롭다고 즐거워한다. 그래서 평생이 즐겁고 하루라도 근심스러운 날이 없다.

소인은 그렇지 않다. 얻지 못하면 못 얻은 것을 근심하고, 얻고 나면 잃을까봐 걱정한다. 그래서 평생 근심만 있고 하루도 즐거운 날이 없다.』

孔子曰：『君子之脩其行未得, 則樂其意；旣已得, 又樂其知. 是以有終生之樂, 無一日之憂. 小人則不然, 其未之得則憂不得, 旣已得之又恐失之. 是以有終身之憂, 無一日之樂也.』

君스승 군	則곧 즉	知슬기 지	小작을 소
脩닦을 수	樂즐거울 락	是이 시	然그럴 연
其그 기	意뜻 의	以써 이	恐두려워할 공
行행위 행	旣이미 기	終끝 종	失잃을 실
未아닐 미	已이미 이	無없을 무	身몸 신
得얻을 득	又또 우	憂근심 우	也어조사 야

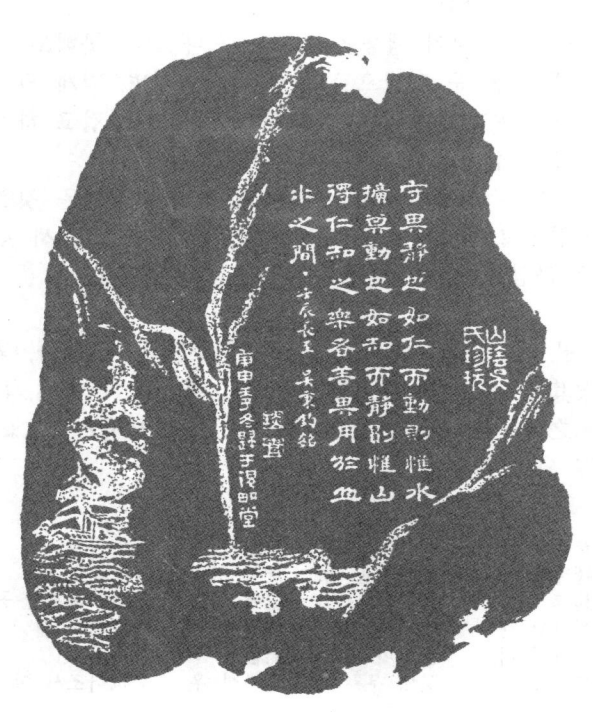

낮으면서 바르게 하는 자는 보탬을 받을 것이요, 높으면서 기대어 있는 자는 무너지고 말 것이다.

화살처럼 곧은 자는 오히려 죽기 쉽지만, 먹줄처럼 곧은 자는 칭찬을 받는다.

卑而正者可增, 高而倚者且崩. 直如矢者死, 直如繩者稱.

卑낮을 비	〃옳을 가	且장차 차	死죽을 사
而말이을 이	增더할 증	崩무너질 붕	繩먹줄 승
正바를 정	高높을 고	直곧을 직	〃노끈 승
者것 자	倚기댈 의	如같을 여	稱칭찬할 칭
可가히 가	〃기이할 기	矢화살 시	

때에 잘 순응하면 인仁을 쉽게 행할 수 있고, 도에 잘 순응하면 사람을 쉽게 통달시킬 수 있다.

因時易以爲仁, 因道易以達人.

因의지할 인	易쉬울 이	爲행할 위	〃도 도
〃인할 인	〃바꿀 역	仁어질 인	達통할 달
時때 시	以써 이	道길 도	人사람 인

남의 윗자리가 된 자는 총명하지 못할까에 근심을
두고, 남의 아래된 자는 자신이 충성되지 못할까에
근심을 두라.

爲人上者, 患在不明; 爲人下者, 患在不忠.

爲될 위	上위 상	在있을 재	下아래 하
〃할 위	者사람 자	不아니 불,부	忠충성 충
人남 인	患근심 환	明밝을 명	

성인은 마음으로 감지하여 귀와 눈을 인도하고,
소인은 귀와 눈으로 익혀 마음으로 전달한다.

聖人以心導耳目, 小人以耳目導心.

聖성인 성	以써 이	導이끌 도	目눈 목
人사람 인	心마음 심	耳귀 이	小소인 소

공자孔子가 말했다.

『높은 절벽을 내려다보지 않으면 어찌 추락할 근심이 있겠으며, 깊은 물가에 임해 보지 않으면 어찌 물에 빠질 염려가 있겠으며, 바닷가에 서보지 않으면 어찌 풍파의 근심이 있겠는가?

그런 위험을 당하는 자는 모두가 그런 곳에 갔기 때문이 아니겠는가? 선비로서 이 세 가지만 조심하면 남에게 폐를 끼치지 않는다.』

孔子曰:『不觀於高岸, 何以知顚墜之患; 不臨深淵, 何以知沒溺之患; 不觀於海上, 何以知風波之患? 失之者其不在此乎? 士愼三者, 無累於人.』

觀볼 관	知알 지	深깊을 심	失허물 실
於어조사 어	顚넘어질 전	淵웅덩이 연	愼삼갈 신
高높을 고	〃머리 전	沒빠질 몰	累누끼칠 루
岸낭떠러지 안	墜떨어질 추	溺빠질 닉	
何어찌 하	患근심 환	海바다 해	
以써 이	臨임할 림	波물결 파	

148

스스로를 낮추는 것으로써 존귀함을 알고, 스스로를 굽히는 것으로써 펴는 것을 삼아야 한다.

성인이 이렇게 하므로 해서 하늘로부터 법도法道를 받는 것이다.

以卑爲尊, 以屈爲伸. 聖人所因, 上法於天.

以써 이	屈굽힐 굴	因말미암을 인	於어조사 어
卑낮을 비	伸펼 신	〃인할 인	天하늘 천
爲할 위	聖성스러울 성	上위 상	
〃삼을 위	人사람 인	〃올릴 상	
尊높을 존	所바 소	法법 법	

149

서로 예로써 권면勸勉하고 서로 인으로써 강조하면, 그 몸에는 도를 얻고 남으로부터는 칭찬을 얻는다.

相勸以禮, 相强以仁, 得道於身, 得譽於人.

相서로 상	强힘쓸 강	道길 도	譽기릴 예
勸권할 권	〃강할 강	〃도 도	〃명예 예
以써 이	仁어질 인	於어조사 어	人남 인
禮예 례	得얻을 득	身몸 신	

　귀하게 되고자 하면 남의 아래에 처하는 것보다 쉬운 것이 없고, 재물을 구하는 것은 온 몸을 다 맡기는 것보다 쉬운 게 없다.

　그러나 재물은 높은 의보다 못한 것이요, 권세는 높은 덕만 못한 것이다.*

　欲貴者莫如下人, 貪財者莫如全身, 財不如義高, 勢不如德尊.

欲하고자할 욕	如같을 여	全온전할 전	勢권세 세
貴귀할 귀	下아래 하	身몸 신	〃기세 세
者것 자	人남 인	不아니 불,부	德덕 덕
莫없을 막	貪탐할 탐	義의로울 의	尊높을 존
〃저물 모	財재물 재	高높을 고	〃술통 준

*義가 높아지면 재물이 저절로 따르고, 德을 후하게 베풀면 권세가 저절로 높아진다는 뜻.

151

사람으로써 사랑이 없으면 인을 행할 수 없고, 사랑을 받으면서 공교工巧함이 없으면 믿음이 없게 된다.

人而不愛則不能仁, 佞而不巧則不能信.

人사람 인 　　愛사랑 애 　　能능할 능 　　〃재주있을 녕
而말이을 이 　則곧 즉 　　仁어질 인 　　巧공교할 교
不아니 불,부 〃법 칙, 측 　佞아첨할 녕 　信믿을 신

152

아버지일지라도 무익한 자식을 사랑할 수 없고, 임금일지라도 따르지 않는 백성을 사랑할 수 없다.
마찬가지로 임금일지라도 공이 없는 신하에게 상을 내릴 수 없고, 신하일지라도 덕 없는 임금을 위해 헛되이 죽을 수는 없다.

父不能愛無益之子, 君不能愛不軌之民, 君不能賞無功之臣, 臣不能死無德之君.

父아비 부 　　益이로울 익 　〃바퀴자국 궤 　死죽을 사
不아니 불,부 之어조사 지 　民백성 민 　　德덕 덕
能능할 능 　　子아들 자 　　賞상줄 상
愛사랑 애 　　君임금 군 　　功공 공
無없을 무 　　軌좇을 궤 　　臣신하 신

공자가 이렇게 말했다.

『무릇 스스로 부유하면서 남을 부유하게 해주는 자는 가난하고자 해도 가난해질 수가 없고, 스스로 귀하면서 남도 귀하게 해주는 자는 천해지고자 해도 천해질 수가 없으며, 스스로 현달하면서 능히 남까지 현달하게 해주는 자는 궁하고자 해도 궁해질 수가 없다.』

孔子曰:『夫富而能富人者, 欲貧而不可得也; 貴而能貴人者, 欲賤而不可得也; 達而能達人者, 欲窮而不可得也.』

夫대저 부	欲하고자할 욕	貴귀할 귀	達어진이 달
富부유할 부	貧가난할 빈	賤천할 천	窮궁할 궁
能능할 능	得얻을 득	而말이을 이	也어조사 야

154

다가올 일은 가히 좇아갈 수 있지만, 지나간 일은
더 이상 어쩔 수 없다.

來事可追也, 往事不可及.

來올 래	可옳을 가	也어조사 야	不아니 불,부
事일 사	追좇을 추	往갈 왕	及미칠 급

155

전쟁이란 미리 정해진 것이 아니다. 적에 대비할
준비가 없고, 계책이 염려보다 앞서지 않으면 갑작
스러운 경우에 대응할 수가 없다.

兵不豫定, 無以待敵, 計不先慮, 無以應卒.

兵싸움 병	無없을 무	〃셀 계	卒갑자기 졸
〃군사 병	以써 이	先먼저 선	〃마칠 졸
不아니 불,부	待기다릴 대	慮걱정할 려	〃군사 졸
豫미리 예	敵원수 적	〃생각할 려	
定정할 정	計꾀 계	應응할 응	

지금 세상이 달라지면 사리事理도 바뀌어야 하며, 사리가 바뀌면 시세時勢도 변해야 한다.

또 시세가 바뀌면 풍속도 바뀌게 마련이다.

그래서 군자는 먼저 그 토지를 잘 살펴보고 나서야 그에 맞는 도구를 이용하여 개척에 임하며, 그 풍속을 잘 살펴보고 나서야 그에 맞는 풍속을 제정하여 중의衆議를 총괄, 교화敎化를 결정한다.

今夫世異則事變, 事變則時移, 時移則俗易; 是以君子先相其土地, 而裁其器, 觀其俗, 而和其風, 總衆議而定其敎.

今이제 금	移옮길 이	相볼 상	觀볼 관
夫대저 부	俗풍습 속	〃서로 상	和화목할 화
世인간 세	易바꿀 역	其그 기	風습속 풍
異다를 이	〃쉬울 이	土흙 토	總모두 총
則곧 즉	以써 이	地땅 지	衆무리 중
事일 사	君스승 군	而말이을 이	議의론 의
變변할 변	子임 자	裁헤아릴 재	敎가르침 교
時때 시	先먼저 선	器그릇 기	定정할 정

자신에게 이익이 미칠 것을 바라고 좋은 말을 하
거나, 남에게 멍들도록 악한 말을 하는 것은 모두
옳은 것이 아니다.

善言毋及身, 言惡毋及人.

善착할 선   毋말 무   身몸 신   〃증오할 오
言말씀 언   及미칠 급   惡악할 악   人남 인

웃사람이 청빈하고 욕심 없이 하면, 아랫사람도 바
르게 되고 백성은 순박해진다.

上清而無欲, 則下正而民樸.

上위 상   無없을 무   則곧 즉   民백성 민
淸맑을 청   欲하고자할 욕   下아래 하   樸순박할 박
而말이을 이   〃욕심 욕   正바를 정   〃통나무 박

　귀 밝은 자는 귀로 듣고, 눈 밝은 자는 눈으로 본
다. 총명으로 형태를 알아차리면 인애仁愛가 드러나
고 염치가 분별된다.

　따라서 그 길이 아닌데도 가려고 들면 비록 수고
를 다해도 이르지 못하며, 자기 가질 것이 아닌데도
구하려 들면 억지로 해도 얻지 못한다

　때문에 지혜로운 자는 할 일이 아니면 하지 않으
며, 염직廉直한 자는 가질 것이 아니면 구하지 않는
다. 그리하여 원대한 포부로 포용하고 그 이름을 빛
나게 하는 것이다.

　聽者耳聞, 明者目見, 聰明形則仁愛者, 廉恥分矣. 故
非其道而行之, 雖勞不至；非其有而求之, 雖强不得；
智者不爲非其事, 廉者不求非其有；是以遠容而名章也.

聽귀밝을 총	仁어질 인	雖비록 수	是이 시
聞들을 문	愛사랑할 애	勞수고할 로	遠멀 원
見볼 견	廉검소할 렴	强억지로 강	容받아들일 용
形형상 형	恥부끄러울 치	智지혜 지	章밝을 장

사람을 아는 일은 왕의 도道요, 일을 아는 것은 신하의 도道인 것이다.

다시 말해 왕도王道는 사람을 아는 것이요, 신도 臣道는 일을 아는 것이다.

知人者王道也, 知事者臣道也. 王道知人, 臣道知事.

知알 지　　　″놈 자　　　″길 도　　　″섬길 사
人사람 인　　王임금 왕　　也어조사 야　臣신하 신
者것 자　　　道도 도　　　·事일 사

선은 거짓으로 한다고 해서 다가오는 것이 아니며, 악은 말로 한다고 해서 떠나보낼 수 있는 것이 아니다.

善不可以僞來, 惡不可以辭去.

善착할 선　　″옳을 가　　來올 래　　辭말씀 사
不아니 불,부　以써 이　　　惡악할 악　　去버릴 거
可가히 가　　偽거짓 위　　″증오할 오　″갈 거

천지天地의 도란 극에 달하면 돌아서게 되어 있고, 가득 차면 덜게 되어 있다.

오채五彩는 눈을 현란하게 하나 그 빛이 사라질 때가 있고, 무성한 나무와 풍성한 풀도 조락할 때가 있다.

만물은 성쇠盛衰가 있으니, 어찌 한결 같기만 할 수 있으리요!

天地之道, 極則反, 滿則損. 五朵曜眼, 有時而渝, 茂木豊草, 有時而落. 物有盛衰, 安得自若.

天하늘 천	損덜 손	渝변할 투	盛성할 성
地땅 지	〃잃을 손	〃넘칠 투	衰쇠할 쇠
之어조사 지	五다섯 오	茂무성할 무	安어찌 안
道길 도	朵채색 채	木나무 목	〃편안할 안
極다할 극	曜빛날 요	豊풍성할 풍	得얻을 득
則곧 즉	眼눈 안	草풀 초	自스스로 자
〃법 칙, 측	有있을 유	落낙엽 락	若같을 약
反돌이킬 반	時때 시	〃떨어질 락	〃어릴 약
滿찰 만	而말이을 이	物만물 물	

163

군자는 사람을 택하여 취하되 사람을 택하여 주지
는 않는다.

君子擇人而取, 不擇人而與.

君스승 군	擇가릴 택	而말이을 이	不아니 불,부
子임 자	人사람 인	取취할 취	與줄 여

164

성인의 옷 입음은 그 몸체에 맞추어 편안하게 할
뿐이며, 그의 음식은 배를 편안히 할 뿐이다.
  적합한 옷과 적당한 식사는 입과 눈의 요구를 들
어 주는 것이 아니다.

聖人之衣也, 便體以安身; 其食也, 安於腹. 適衣節
食, 不聽口目.

聖성스러울 성	″똥오줌 변	於어조사 어	聽들을 청
人사람 인	體몸 체	腹배 복	″허락할 청
之어조사 지	以써 이	適적당할 적	口입 구
衣입을 의	安편안할 안	″맞을 적	目눈 목
″옷 의	身몸 신	節조절할 절	
也어조사 야	其그 기	″마디 절	
便편안할 편	食먹이 식	不아니 불,부	

군자의 과실은 일식日蝕·월식月蝕과 같이 사소하다. 그 밝음에 무슨 큰 손실이 있겠는가?

소인이 비록 훌륭한 일을 하고자 하나, 이는 개가 도둑을 보고 짖는 것이나 살쾡이가 밤에도 눈이 잘 보이는 것과 같다. 그것이 무어 그리 선에 도움이 되겠는가?

君子之過, 猶日月之蝕也, 何害於明? 小人之可也, 猶狗之吠盜, 狸之夜見, 何益於善?

君스승 군	〃오히려 유	於어조사 어	吠짖을 폐
子임 자	日해 일	明밝을 명	盜도둑 도
之어조사 지	月달 월	小작을 소	狸살쾡이 리
〃갈 지	蝕먹을 식	人사람 인	夜밤 야
過허물 과	也어조사 야	可가히 가	見볼 견
〃지날 과	何무엇 하	〃옳을 가	益이로울 익
猶같을 유	害해 해	狗개 구	善착할 선

166

관직이 높은 자는 근심도 깊고, 봉록이 많은 자는
책임도 크다.

官尊者憂深, 祿多者責大.

官벼슬 관　　者사람 자　　祿녹 록　　責책임 책
尊높을 존　　憂근심 우　　〃복 록　　〃꾸짖을 책
〃술통 준　　深깊을 심　　多많을 다　　大클 대

167

공자孔子가 말했다.
『부귀를 만약 구한다고 얻어지는 것이라면, 나는
비록 채찍을 잡는 천한 일도 하겠다. 그러나 구해서
얻어지는 것이 아니라면, 내 하고 싶은 일에나 몰두
하련다.』

孔子曰:『富而可求, 雖執鞭之士, 吾亦爲之; 富而不
可求, 從吾所好.』

孔구멍 공　　求구할 구　　士일 사　　爲할 위
富부유할 부　　雖비록 수　　〃선비 사　　從좇을 종
而말이을 이　　執잡을 집　　吾나 오　　所바 소
可가히 가　　鞭채찍 편　　亦또한 역　　好좋아할 호

　백성이 고통을 당하면 인이 실행되지 못하고, 노고를 당하면 속임수가 생겨나고, 안정되고 평안하면 가르침이 행해지고, 위험에 빠지면 꾀만 늘어나게 된다.

　또 극성하면 돌아서게 되고 가득 차면 덜게 되나니, 그 때문에 군자는 가득 차거나 극한에 이르는 일을 하지 않는다.

　民苦則不仁, 勞則詐生, 安平則敎, 危則謀. 極則反, 滿則損, 故君子弗滿弗極也.

民백성 민	勞수고할 로	危위태할 위	〃잃을 손
苦괴로움 고	詐속일 사	謀꾀 모	故연고 고
則곧 즉	生생길 생	極다할 극	君스승 군
〃법 칙, 측	安편안할 안	反돌이킬 반	子임 자
不아니 불,부	平편안할 평	滿찰 만	弗아닐 불
仁어질 인	敎가르칠 교	損덜 손	也어조사 야

갓과 신발은 함께 갈무리할 수 없듯이, 어진 이와
불초한 이는 같은 직위에 앉힐 수 없다.

冠履不同藏, 賢不肖不同位.

冠갓 관   不아니 불,부   賢어질 현   位자리 위
履신발 리   同한가지 동   肖닮을 초
〃밟을 리   藏저장할 장   〃본받을 초

군자는 자신이 좋아하지 않는 바를 좋아하는 바에
영향이 미치게 하지 않는다.

君子不以其所不愛及其所愛也.

君스승 군   以써 이   〃어조사 기   〃아낄 애
子임 자   〃어조사 이   所바 소   及미칠 급
不아니 불,부   其그 기   愛사랑할 애   也어조사 야

증자曾子가 이렇게 말했다.

『친함이 지나치면 서로 소홀해지고, 엄숙이 지나치면 친할 수가 없다. 그러므로 군자의 친함은 서로 즐거움을 교환하는 것으로 족하고, 군자의 엄숙은 예를 이루는 정도로 족해야 한다.』

曾子曰: 『狎甚則相簡也; 莊甚則不親. 是故君子之 狎足以交懽, 莊足以成禮而已.』

曾일찍 증	相서로 상	故연고 고	〃사귈 교
子임 자	簡소홀히할 간	〃예 고	懽기뻐할 환
曰가로되 왈	也어조사 야	君스승 군	成이룰 성
狎익숙할 압	莊엄숙할 장	之어조사 지	禮예 례
〃친숙할 압	不아니 불,부	〃갈 지	而말이을 이
甚심할 심	親친할 친	足지나칠 주	已그칠 이
則곧 즉	是이 시	〃족할 족	
〃법 칙, 측	〃옳을 시	交주고받을 교	

172

사람들은 모두 가질 것은 가져야 한다는 것은 알
면서, 주는 것이 곧 취하는 것이라는 바는 모른다.

人皆知取之爲取也, 不知與之爲取之.

人사람 인	取취할 취	〃위할 위	與줄 여
皆다 개	之어조사 지	也어조사 야	〃및 여
知알 지	爲할 위	不아니 불,부	

173

정벌은 적을 부르고, 행동은 수치를 자초할 때가
있다. 하지 않았는데 스스로 찾아오는 일이란 천하
에 아무것도 없다.

政有招寇, 行有招恥, 弗爲而自至, 天下未有.

政정사 정	〃도둑 구	而말이을 이	下아래 하
有있을 유	行행실 행	自스스로 자	未아닐 미
招부를 초	恥부끄럼 치	至이를 지	
寇원수 구	弗아닐 불	天하늘 천	

* 政:征으로 봄. 정벌, 공격.

　명철한 임금의 제도에는 상은 중히 여기고, 벌은 가볍게 시행한다. 또 음식을 배급할 대는 그 양을 장년壯年에 맞추고, 사람을 섬길 때는 노인을 표준으로 한다.

　明君之制, 賞從重, 罰從輕. 食人以壯爲量, 事人以老爲程.

明밝을 명	賞상 상	人사람 인	事섬길 사
君임금 군	從좇을 종	以어조사 이	〃일 사
之어조사 지	〃따를 종	〃써 이	老늙을 로
〃갈 지	重중히여길 중	壯씩씩할 장	程한도 정
制법 제	罰벌 벌	爲할 위	〃법 정
〃지을 제	輕가벼울 경	量양 량	
〃마를 제	食먹이 식	〃헤아릴 량	

香山養竹記云竹本固以
樹德竹性直以立身竹心
空以體道竹節貞以立志
是故稱為君子一日而不
可無也今因之以珎研
一日所不可少以不可少
之物而猶不可無之象延
歌甚焉
己亥小春 曺雲住題

175

입으로는 악한 말을 내뱉지 말고, 귀로는 구차한 말을 남겨두지 말라.

惡語不出口, 苟言不留耳.

惡악할 악　　不아니할 불,부　苟구차할 구　　〃오랠 류
〃미워할 오　　出나올 출　　言말씀 언　　耳귀 이
語말씀 어　　口입 구　　留머무를 류

176

화와 복이란 땅 속에서 나오는 것도 아니요, 하늘로부터 내려오는 것도 아니며, 모두가 자기 스스로가 만들어내는 것이다.

禍福非從地中出, 非從天上來, 己自生之.

禍재난 화　　地땅 지　　上위 상　　生만들 생
福복 복　　中가운데 중　　來올 래　　〃날 생
非아닐 비　　出나올 출　　己몸 기　　之어조사 지
從좇을 종　　天하늘 천　　自스스로 자

군자에게는 다섯 가지 수치가 있다.

아침에 조회에 나가 앉지도 않고 평상시에는 나라를 위한 의견도 내놓지 못하는 것. 둘째, 자리만 차지하고 있으면서 그에 걸맞는 시정 방침을 내놓지 못하는 것. 셋째, 말만 있고 실행은 없는 것. 이미 얻어 놓은 것을 다시 잃는 것. 땅에 여유가 있음에도 백성에게는 부족하게 하는 것. 이것이 군자가 수치스럽게 여기는 것이다.

君子有五恥: 朝不坐, 燕不議, 君子恥之; 居其位, 無其言, 君子恥之; 有其言, 無其行, 君子恥之; 既得之, 又失之, 君子恥之; 地有餘而民不足, 君子恥之.

君스승 군	坐앉을 좌	其그 기	地땅 지
子임 자	燕편안할 연	位자리 위	餘남을 여
有있을 유	〃잔치할 연	無없을 무	而말이을 이
五다섯 오	〃제비 연	言말씀 언	民백성 민
恥부끄럼 치	議의론 의	行행할 행	足족할 족
〃부끄러워할 치	之어조사 지	旣이미 기	〃발 족
朝조회받을 조	〃갈 지	得얻을 득	〃지나칠 주
〃아침 조	居있을 거	又또 우	
不아니 불,부	〃앉을 거	失잃을 실	

군자는 종신토록 해야 할 근심거리는 있으나 하루
아침에 겪어야 할 환난은 없다.

도를 따라 실천하고 이치에 따라 말을 하여 기쁠
때에 가벼이 굴지 않고, 화났을 때 남을 책난하지 않
기 때문이다.

君子有終身之憂而無一朝之患, 順道而行, 循理而言,
喜不加易, 怒不加難.

君스승 군	而말이을 이	〃도 도	加더할 가
子임 자	無없을 무	行행할 행	〃미칠 가
有있을 유	朝아침 조	循좇을 순	易소홀히할 이
終마칠 종	患재앙 환	理이치 리	〃바꿀 역
身몸 신	〃근심 환	〃다스릴 리	〃쉬울 이
之어조사 지	順좇을 순	言말씀 언	怒성낼 노
〃갈 지	〃순할 순	喜기쁠 희	難나무랄 난
憂근심 우	道길 도	不아니 불,부	〃어려울 난

원망은 보답하지 않은 데에서 생기고, 화는 다복에서 생긴다.

안정과 위험은 스스로 어떻게 처하느냐에 달려 있고, 곤핍에 빠지지 않는 방법은 미리 예측하는 길밖에 없다.

또 존망은 어떤 사람을 얻느냐에 따라 결정된다.

따라서 끝맺음을 처음 시작할 때처럼 조심하면 이에 장구할 수 있으리라.

이상의 다섯 가지를 능히 실천하는 자는 그 몸을 온전히 할 수 있다.

『자기가 하기 싫은 일을 남에게 베풀지 말라』고 했으니, 이것이 곧 요체이다.

怨生於不報, 禍生於多福, 安危存於自處, 不困在於蚤豫, 存亡在於得人, 愼終如始, 乃能長久. 能行此五者, 可以全身, 己所不欲, 勿施於人, 是謂要道也.

怨원망할 원	處처할 처	始처음 시	欲하고자할 욕
於어조사 어	困곤할 곤	乃이에 내	勿말 물
報갚을 보	蚤일찍 조	能능할 능	施베풀 시
禍재난 화	〃벼룩 조	長길 장	是이 시
福복 복	豫미리할 예	久오랠 구	謂이를 위
安편안할 안	愼삼갈 신	此이 차	要요할 요
危위험할 위	終끝 종	全온전할 전	道길 도
存있을 존	如같을 여	身몸 신	〃도 도

180

미친 이가 하는 말도 성인은 이를 골라서 듣는다.

狂夫之言, 聖人擇焉.

狂미칠 광	之어조사 지	〃성인 성	焉어조사 언
夫사내 부	言말씀 언	人사람 인	〃어찌 언
〃대저 부	聖성스러울 성	擇가릴 택	

181

성인聖人은 안정安靜을 최고의 정도正道로 여긴다. 어진 이의 다스림은 그 때문에 일반 대중과는 다른 것이다.

聖人之正, 莫如安靜; 賢者之治, 故與衆異.

聖성스러울 성	〃저물 모	者사람 자	〃같을 여
人사람 인	如같을 여	治다스릴 치	衆무리 중
之어조사 지	安편안할 안	故연고 고	異다를 이
正바를 정	靜고요할 정	〃고로 고	
莫없을 막	賢어질 현	與어조사 여	

공자가 이렇게 말했다.

『종일 말을 해도 스스로에게 근심을 끼치지 않고, 종일 어떤 행동을 해도 스스로에게 환난을 남기지 않는 것. 이는 오직 지혜로운 자라야 가능한 일이다. 그러므로 두려워하며 조심하는 것은 환난을 제거하기 위한 태도이며, 공경히 하는 것은 난을 피하기 위한 행동이다.

종신토록 이런 태도와 행동으로 살다가도 한 마디의 잘못된 말로 모든 것을 어그러뜨릴 수 있으니 가히 조심치 않을 수 있으랴!』

孔子曰：『終日言不遺己之憂, 終日行不遺己之患, 唯智者有之. 故恐懼所以除患也, 恭敬所以越難也; 終身爲之, 一言敗之, 可不愼乎!』

終끝 종	患재앙 환	所바 소	難어려울 난
言말씀 언	唯오직 유	以써 이	爲할 위
遺남길 유	智지혜 지	除덜 제	敗패할 패
己몸 기	故연고 고	恭공손할 공	愼삼갈 신
憂근심 우	恐두려워할 공	敬공경할 경	
行행위 행	懼두려워할 구	越넘을 월	

남하자는 이렇게 말했다.

『군자가 위를 비교하여 배우면 덕을 넓히게 되고, 아래를 따라 배우면 그 행동이 협소해진다. 또 선에 비유하면 스스로 나아가는 계단이 되고, 악에 비유하게 되면 스스로 퇴보하는 지름길이 된다.』

南瑕子曰：『君子上比所以廣德也，下比所以狹行也，於惡自退之原也.』

南남녘 남   比견줄 비   德덕 덕   惡모질 악
瑕티 하   所바 소   也어조사 야   退물러날 퇴
〃멀 하   以써 이   狹좁을 협   原근원 원
君스승 군   廣넓을 광   行행위 행

＊『比於善，自進之階也，比於惡，自退之原也』로 고쳐져야 할 것으로 보인다.

증자曾子가 이렇게 말했다.

『메아리는 소리를 거절하지 않으며, 거울은 모습
비추기를 사양하지 않는다.˙ 군자는 하나를 바르게
하면 만물이 모두 이루어진다.

행동은 그림자를 위해서 하는 것이 아니건만 그림
자가 이를 따라 하고, 소리치는 것은 메아리를 위해
서 하는 것이 아니건만 메아리는 소리를 따라 생겨
난다.

그러므로 군자는 공이 이루어지면 그 이름이 따르
게 마련이다.』

曾子曰: 『響不辭聲, 鑑不辭形, 君子正一而萬物皆
成. 夫行非爲影也, 而影隨之; 呼非爲響也, 而響和之.
故君子功先成而名隨之.』

曾일찍 증	鑑거울 감	皆다 개	隨따를 수
子임 자	形나타낼 형	成이루어질 성	之어조사 지
曰가로되 왈	〃형상 형	夫대저 부	呼부르짖을 호
響울림 향	君스승 군	行행실 행	和화답할 화
不아니 불,부	正바를 정	非아닐 비	故연고 고
辭사양할 사	而말이을 이	爲위할 위	功공 공
〃말씀 사	萬일만 만	影그림자 영	先먼저 선
聲소리 성	物물건 건	也어조사 야	名이름 명

＊서로가 不可分의 관계에 있다는 뜻.

185

  먼저 끊자고 하기는 쉽지만, 남이 그만두자고 청
해 오기는 어렵다.

  自請絕易, 請人絕難.

自스스로 자　　絕끊을 절　　人남 인　　　難어려울 난
請청할 청　　　易쉬울 이　　 〃사람 인　　 〃어려워할 난

186

  새로이 머리를 감은 자는 반드시 관을 닦고, 새로
이 몸을 씻은 자는 반드시 옷을 터는 법이다.

  初沐者必拭冠, 新浴者必振衣.

初처음 초　　必반드시 필　　 〃관례 관　　振떨칠 진
沐머리감을 목　拭닦을 식　　新새 신　　　衣옷 의
者사람 자　　　冠갓 관　　　浴목욕할 욕

공자가 말했다.

『남의 선을 감추는 것은 어짊을 은폐시키는 것이
요, 남의 악을 들추어내는 것은 소인이나 할 짓이다.

안으로 배움이 있는 자와 상대하지 않으면서 밖으
로 남을 비방하는 자와는 친하게 사귀어서는 안 된다.

남의 잘한 일을 말해 주는 자와 사귀면 소득은 있
을지언정 손해나는 일은 없지만, 남의 악을 말하는
자와 사귀면 얻는 것은 없고 잃는 것만 있을 것이다.

그러므로 군자는 그 말을 조심해야 한다. 또 자기
를 먼저 앞세우고 남을 뒤로 하는 일이 없도록 하
라. 말은 잘 골라서 하되 말하는 것과 듣는 것이 일
치하도록 하라!』

孔子曰:『匿人之善者, 是謂蔽賢也; 揚人之惡者, 是
謂小人也; 不內相敎而外相謗者, 是謂不足親也. 言人
之善者, 有所得而無所傷也; 言人之惡者, 無所得而有
所傷也. 故君子愼言語矣, 毋先己而後人, 擇言出之, 令
口如耳.』

匿숨길 닉	蔽감출 폐	敎가르침 교	愼삼갈 신
善착할 선	賢어질 현	謗헐뜯을 방	矣어조사 의
〃잘할 선	揚나타낼 양	親친할 친	毋없을 무
是이 시	惡모질 악	得얻을 득	擇가릴 택
謂이를 위	相서로 상	傷해칠 상	令하여금 령

하지 말아야 할 말을 하지 않으면 그 환난을 피할
수 있고, 하지 말아야 할 행동을 하지 않으면 그 위
험을 피할 수 있다.

또 취하지 않아야 할 것을 취하지 않으면 남의 비
방을 피할 수 있고, 다투지 말아야 할 것을 다투지
않으면 그 성토聲討를 피할 수 있다.

非所言勿言, 以避其患；非所爲勿爲, 以避其危；非
所取勿取, 以避其詭；非所爭勿爭, 以避其聲.

非아닐 비	以써 이	患재앙 환	取취할 취
所바 소	避피할 피	爲할 위	詭헐뜯을 궤
言말씀 언	其그 기	〃행위 위	爭다툴 쟁
勿말 물	〃어조사 기	危위태할 위	聲소리칠 성

양주가 이렇게 말했다.

『배를 삼킬 만한 큰 고기는 연못 같은 곳에서는 놀지 않고, 홍곡鴻鵠처럼 높이 나는 새는 고인 물 따위는 거들떠보지도 않는다. 왜 그렇겠는가? 그의 뜻이 지극히 원대하기 때문이다.

황종黃鐘과 대려大呂는 번잡한 춤에 맞추어 연주할 수가 없다. 왜 그렇겠는가? 그 음이 맞지 않기 때문이다.

그래서 장차 큰일을 다스릴 자는 작은 일을 다스릴 줄 모르며, 큰 공을 세울 자는 작은 일에 얽매이지 않는 법이다.』

楊朱曰：『夫吞舟之魚不遊淵, 鴻鵠高飛不就汚池, 何則? 其志極遠也. 黃鐘大呂, 不可從繁奏之舞, 何則? 其音疏也. 將治大者不治小, 成大功者不小苟.』

楊버들 양	飛날 비	極극진할 극	奏곡조 주
朱붉을 주	就좇을 취	〃다할 극	〃아뢸 주
夫대저 부	汚권물 오	遠멀 원	舞춤 무
吞삼킬 탄	〃더러울 오	黃황근 황	疏멀 소
舟배 주	池연못 지	〃누를 황	〃트일 소
遊놀 유	何어찌 하	鐘쇠북 종	將장차 장
淵못 연	則곧 즉	呂풍류 려	治다스릴 치
鴻큰기러기 홍	〃법 칙,측	從좇을 종	苟까다로울 가
鵠고니 곡	志뜻 지	繁번거로울 번	〃풀 가

* 黃鐘大呂：十二律 중의 하나. 음악.

190

남이 알지 못하게 하려면 그 일을 하지 않는 것보다 확실한 게 없고, 남이 듣지 못하게 하는 데는 말을 하지 않는 것보다 나은 게 없다.

欲人勿知, 莫若勿爲, 欲人勿聞, 莫如勿言.

欲하고자할 욕	知알 지	若같을 약	聞들을 문
人남 인	〃슬기 지	〃어릴 약	如같을 여
勿말 물	莫없을 막	爲할 위	言말씀 언
〃없을 물	〃저물 모	〃행위 위	

191

일찍 염려하는 일을 피곤해하지 말며, 일찍 예측하는 일에 곤궁을 느끼지 말라.

不困在於早慮, 不窮在於早豫.

不아니 불,부	於어조사 어	〃생각할 려	豫미리 예
困곤할 곤	早일찍 조	窮궁할 궁	〃미리할 예
在있을 재	慮걱정할 려	〃다할 궁	

공자가 말했다.

『말을 부풀리는 자는 부화浮華한 자요, 행동에 분奮을 내는 자는 자신을 자랑하기 좋아하는 자이다. 또 자신이 잘생기고 지혜가 있다고 해서 능력 있다고 여기는 자는 소인이다.

그러므로 군자는 아는 것을 안다고 하고 모르는 것은 모른다고 하니 이것이 곧 말의 요체이며, 능한 것을 능하다 하고 능하지 못한 것을 능하지 못하다고 하니 이것이 곧 행동의 지선至善이다.

말의 요체를 터득하면 지혜가 생기고, 행동의 지선을 터득하면 인仁이 생긴다. 이렇게 하여 지혜와 인을 함께 갖게 된다면 그밖에 무엇이 더 필요하겠는가?』

孔子曰：『貴於言者, 華也, 奮於行者, 伐也. 夫色智而有能者, 小人也. 故君子知之爲知之, 不知爲不知, 言之要也；能之爲能, 不能爲不能, 行之至也. 言要則知, 行要則仁；既知且仁, 夫有何加矣哉?』

貴부풀릴 분	伐자랑할 벌	智지혜 지	何무엇 하
〃꾸밀 비	〃칠 벌	要요할 요	〃어찌 하
華치레 화	夫다시 부	能능할 능	加더할 가
〃꽃필 화	色낯 색	既이미 기	矣어조사 의
奮떨칠 분	〃빛 색	且또 차	哉어조사 재

193

망하는 것을 보거든 살아 있는 것을 알고, 서리를 보거든 얼음을 알아야 한다.

見亡知存, 見霜知冰.

見볼 견   〃망할 망   存있을 존   冰얼음 빙
亡멸할 망   知알 지   霜서리 상

194

화는 무엇을 얻고자 하는 데에서 생기고, 복은 스스로 그치는 데에서 생겨난다.

禍生於欲得, 福生於自禁.

禍재난 화   於어조사 어   得얻을 득   自스스로 자
生생길 생   欲하고자할 욕 福복 복   禁금기 금

마부가 말을 잘 모는지는 말만큼 잘 아는 게 없고, 임금이 그 나라를 잘 다스리는지는 백성만큼 잘 아는 이가 없다.

問善御者莫如馬, 問善治者莫如民.

問물을 문	御부릴 어	莫없을 막	馬말 마
善잘할 선	〃마부 어	〃저물 모	治다스릴 치
〃착할 선	者것 자	如같을 여	民백성 민

• 問을 묻다, 물어서 알다의 뜻으로 새김.

군자는 덕을 행하므로써 자기 몸을 온전히 하고, 소인은 탐욕을 행하므로써 자기 몸을 망친다.

君子行德以全其身, 小人行貪以亡其身.

君스승 군	以써 이	小작을 소	亡망할 망
子임 자	全온전할 전	人사람 인	〃멸할 망
行행할 행	其그 기	貪탐할 탐	
德덕 덕	身몸 신	〃탐 탐	

자로가 먼길을 떠나려고 중니에게 인사를 하러 왔더니, 공자께서 이렇게 묻는 것이었다.

『너에게 수레를 주랴, 아니면 좋은 말(言)을 주랴?』 이에 자로는 좋은 말씀을 달라고 했다.

그러자 중니가 이런 말을 해주었다.

『스스로 강해지지 않으면 멀리까지 미칠 수 없고, 노력하지 않으면 공을 이룰 수 없으며, 충성되이 굴지 않으면 남이 친해 오지 않는다. 또 믿음이 없이는 같은 일을 반복할 수 없고, 공경히 하지 않으면 예를 갖출 수 없다. 이 다섯 가지만 조심하면 장구하게 갈 수 있으리라.』

子路將行, 辭於仲尼, 曰:『贈汝以車乎? 以言乎?』
子路曰:『請以言.』仲尼曰:『不强不遠, 不勞無功, 不忠無親, 不信無復, 不恭無禮. 愼此五者, 可以長久矣.』

路길 로	贈줄 증	遠멀 원	恭공손할 공
將갈 장	汝너 여	勞수고할 로	禮예 례
〃장차 장	以써 이	無없을 무	愼삼갈 신
行갈 행	車수레 차,거	功공 공	此이 차
辭말씀 사	乎그런가 호	忠충성 충	可가히 가
於어조사 어	言말씀 언	親친할 친	長길 장
仲버금 중	請청할 청	信믿을 신	久오랠 구
尼중 니	强굳셀 강	復돌이킬 복	矣어조사 의

厚重渾樸是攻是錯若
起泰山之雲流行爾發
如引江漢之波朝宗瀚
渤湯皓皒以升恍金
螭之沐浴一規內涵方
外色括三華凝聚靈中
活潑照千古其長在欤
海天之初月
拙巷趙□峰銘

굴건屈建이 이렇게 말했다.

『무릇 토끼 한 마리가 거리에 나타나 만인이 이를 잡으러 쫓아다닐 때, 마침내 잡는 사람은 하나이지만 나머지 사람들은 흩어지지 않을 것이다. 누구네 토끼였는지가 알려지지 않았기 때문이다.

그러나 역시 토끼 한 마리가 거리로 뛰쳐 나와 만인을 시끄럽게 해도, 분명히 누구의 소유인지 알려지면 비록 탐욕스런 사람이라 해도 돌아설 줄을 알 것이다.』

屈建曰：『夫一兎走於街, 萬人追之, 一人得之, 萬人不復走, 分未定；則一兎走, 使萬人擾, 分已定, 則雖貪夫知止.』

屈굽을 굴	於어조사 어	分분명할 분	擾어지러울 요
建세울 건	街거리 가	〃나눌 분	已이미 이
夫무릇 부	萬일만 만	未아닐 미	雖비록 수
〃사내 부	追쫓을 추	定정할 정	貪탐할 탐
兎토끼 토	得얻을 득	則곧 즉	知알 지
走달릴 주	復돌아갈 복	使부릴 사	止그칠 지

맹자孟子가 이렇게 말했다.

『사람은 누구나 자기 밭에 거름을 주어 가꿀 줄은 알면서 자기 마음에 거름을 주어 가꿀 줄은 모른 다.』

밭을 가꾸어 싹이 잘 자라 수확을 많이 얻고자 함에 있어서 그 이상 더 나은 것이 없기 때문이다. 마음을 가꾸는 것도 마찬가지로 쉽게 행하여 얻고자 하는 바를 성취시키는 일이다.

그러면 〈마음을 가꾼다〉의 뜻은 무엇인가?

널리 배우고 많이 듣는다는 것이다.

또 〈쉽게 행한다〉는 무엇을 일컬음인가?

성품을 한결같이 지켜 음일을 막는다는 것이다.

孟子曰:『人知糞其田, 莫知糞其心.』糞田莫過利苗
得粟, 糞心易行而得其所欲. 何謂糞心? 博學多聞; 何
謂易行? 一性止淫也.

孟맏 맹	過지나칠 과	行행할 행	多많을 다
知알 지	利이로울 리	所바 소	聞들을 문
糞거름줄 분	苗싹 묘	欲하고자할 욕	性성품 성
其그 기	得얻을 득	何무엇 하	止막을 지
田밭 전	粟조 속	〃어찌 하	〃그칠 지
莫어두울 막	易쉬울 이	謂이를 위	淫음란할 음
〃없을 막	〃바꿀 역	博넓을 박	〃방탕할 음

200

인과 의, 그리고 굳센 무력이 없으면 천하를 평정
할 수 없다.

非仁義剛武, 無以定天下.

非아닐 비	剛굳셀 강	無없을 무	天하늘 천
仁어질 인	武무사 무	以써 이	下아래 하
義의로울 의	〃굳셀 무	定정할 정	

201

의義로써 환난을 이기면 길하고, 혼난이 의를 이
기면 멸망한다.

義勝患則吉, 患勝義則滅.

義의로울 의	患재앙 환	則법 칙,측	滅멸망할 멸
勝이길 승	則곧 즉	吉길할 길	〃다할 멸

올빼미가 비둘기를 만나자 비둘기가 물었다.

『그대는 장차 어디로 가려고 하는가?』

이에 올빼미는 『나는 장차 동쪽으로 옮겨가려 한다』라고 했다.

비둘기가 다시 『무슨 까닭인가?』라고 묻자, 올빼미는 『이 고을 사람들은 누구나 나의 울음소리를 싫어한다. 그래서 동쪽으로 이사 가려는 것이다』라고 했다.

그러자 비둘기는 이렇게 말했다.

『그대는 능히 그 울음소리를 바꿀 일이다. 그 울음소리를 바꾸지 않고는 듣기 싫어하는 그대의 울음소리를 동쪽으로 옮기는 것과 같다.』

梟逢鳩, 鳩曰:『子將安之?』梟曰:『我將東徙.』鳩曰:『何故?』梟曰:『鄕人皆惡我鳴, 以故東徙.』鳩曰:『子能更鳴, 可矣, 不能更鳴, 東徙猶惡子之聲.』

梟올빼미 효	〃편안할 안	人사람 인	可옳을 가
逢만날 봉	之갈 지	皆다 개	矣어조사 의
鳩비둘기 구	我나 아	惡미워할 오	不아니 불,부
曰가로되 왈	東동녘 동	〃악할 악	猶같을 유
子당신 자	徙옮길 사	鳴울 명	〃오히려 유
〃아들 자	何무엇 하	以써 이	聲소리 성
將장차 장	故연고 고	能능히 능	
〃장수 장	〃예 고	更고칠 경	
安어디에 안	鄕시골 향	〃다시 갱	

203

쉽게 한 일 실패가 많고, 많이 한 말 실수도 많다.

多易多敗, 多言多失.

多많을 다　　易바꿀 역　　敗패할 패　　失잃을 실
〃많게할 다　　〃쉬울 이　　言말씀 언　　〃허물 실

204

　죽음이 오기도 전에 죽기를 각오하고, 망함이 오기 전에 망하기를 각오한다면 어찌 그 죽음과 망함이라는 것이 있겠는가!

　未死去死, 未亡去亡, 其有何死亡矣!

未아닐 미　　去갈 거　　其그 기　　　矣어조사 의
〃미래 미　　〃버릴 거　　有있을 유
死죽을 사　　亡망할 망　　何어찌 하

군자는 비록 궁해도 망국지세亡國之勢에 처하지는
않으며, 비록 가난해도 난군지록亂君之祿은 받지 않
는다.

난세에 높임을 받고 폭군에 동조하는 것을 군자는
수치로 여기기 때문이다.

보통 사람은 자신의 형세가 무너지는 것을 수치로
여기고, 군자는 의가 허물어지는 것을 욕辱으로 여
긴다.

보통 사람은 이利를 중히 여기고, 청렴한 선비는
명예를 중히 여긴다.

君子雖窮不處亡國之勢, 雖貧不受亂君之祿. 尊乎亂
世, 同乎暴君, 君子之恥也. 衆人以毀形爲恥, 君子以毀
義爲辱, 衆人重利, 廉士重名.

君스승 군	勢세력 세	同한가지 동	爲생각할 위
〃임금 군	〃기세 세	暴사나울 폭,포	〃할 위
子임 자	貧가난할 빈	恥부끄럼 치	義의로울 의
雖비록 수	受받을 수	〃부끄러워할 치	辱욕될 욕
窮궁할 궁	亂어지러울 란	也어조사 야	重중히여길 중
不아니 불,부	祿녹 록	衆무리 중	〃무거울 중
處곳 처	〃복 록	人사람 인	利이로울 리
〃머무를 처	尊높일 존	以써 이	廉청렴 렴
亡잃을 망	〃술통 준	毀무너질 훼	士선비 사
國나라 국	乎어조사 호	〃헐 훼	名이름 명
之어조사 지	世인간 세	形형세 형	

206

　노력은 가난을 이기고 조심함은 화를 이기며, 삼
가함은 해를 이기고 경계警戒함은 재앙을 이긴다.

　力勝貧, 謹勝禍, 愼勝害, 戒勝災.

力힘쓸 력	謹삼갈 근	愼삼갈 신	戒경계할 계
勝이길 승	〃금할 근	害해 해	災재앙 재
貧가난 빈	禍재난 화	〃해칠 해	〃화재 재

207

　착한 일을 하는 자는 하늘이 이를 덕으로써 보답
하고, 불선不善을 저지르는 자는 하늘이 이를 화로
써 갚는다.

　爲善者天報以德, 爲不善者天報以禍.

爲할 위	〃좋을 선	報갚을 보	不아니할 불.부
〃될 위	者사람 자	以써 이	禍재앙 화
善착할 선	天하늘 천	德덕 덕	

공자孔子가 자신의 아들인 공리孔鯉에게 이렇게 일렀다.

『이鯉야! 군자는 가히 배우지 않을 수 없다. 사람을 만날 때도 꾸미지 않을 수 없으니 꾸미지(文飾) 않으면 뿌리가 없고, 뿌리가 없으면 이치를 잃게 되며, 이치를 잃게 되면 충忠을 놓치게 되고, 충忠을 놓치면 예禮를 잃으며, 예를 잃으면 바로 서지 못한다.

무릇 멀리 있으면서 빛이 나는 것은 꾸몄기 때문이며, 가까이 있으면 더욱 밝아 보이는 것은 배움이 있기 때문이다.

비유컨대 탁한 연못은 각종 물이 그리로 흘러 들어간다. 그러나 거기에는 수초나 창포가 자라고 있지. 물길 위에서 보면, 그 연못이 결코 물의 근원이 아님을 알 수 있다.』

孔子曰：『鯉, 君子不可以不學, 見人不可以不飾；不飾則無根, 無根則失理；失理則不忠, 不忠則失禮, 失禮則不立. 夫遠而有光者, 飾也；近而逾明者, 學也. 譬之如汚池, 水潦注焉, 菅蒲生之, 從上觀之, 知其非源也.』

鯉잉어 리	遠멀 원	池연못 지	蒲부들 포
飾꾸밀 식	近가까울 근	潦큰비 료	從따를 종
根뿌리 근	逾더욱 유	注흐를 주	〃좇을 종
失잃을 실	譬비유컨대 비	焉이에 언	觀볼 관
理이치 리	汚더러울 오	菅솔새 간	源근원 원

209

예가 있는 자는 서로 위하다가 죽고, 예가 없는
자도 역시 서로 위하다가 죽는다.

夫有禮者相爲死, 無禮者亦相爲死.

夫대저 부   者사람 자   〃할 위   亦또한 역
有있을 유   相서로 상   死죽을 사   〃모두 역
禮예 례   爲위할 위   無없을 무

210

개 짖는 것을 보고 놀라지 않는 것을 금성金城이라
하고, 위태로움에서 피하는 것을 불회不悔라 한다.

犬吠不驚, 命曰金城; 常避危殆, 命曰不悔.

犬개 견   命가르침 명   常항상 상   悔뉘우칠 회
吠짖을 폐   曰가로되 왈   避피할 피   〃뉘우침 회
不아니 불,부 金쇠 금   危위태할 위
驚놀랄 경   城성 성   殆위태할 태

* 金城:金城湯池, 튼튼하여 끄떡 없음을 말함

사람의 행위 중에 효보다 큰 것은 없다.

효는 안으로는 성취를 이루고, 밖으로는 좋은 이름을 퍼뜨리는 것이다.

이것이 소위 말하는 그 근본에 뿌리를 두니, 그것이 스스로 영화롭고 무성하다는 뜻이다.

그래서 임금은 신하로 근본을 삼고, 신하는 그 임금을 근본으로 삼으며, 어버이는 자식을 근본으로 삼고, 자식은 그 어버이를 근본으로 삼나니 그 근본을 버리면 그 영화도 시들고 만다.

人之行莫大於孝; 孝行成於內而嘉號布於外, 是謂建之於本而榮華自茂矣. 君以臣爲本, 臣以君爲本; 父以子爲本, 子以父爲本, 棄其本, 榮華槁矣.

行행위 행	號이름 호	榮영화 영	爲삼을 위
莫없을 막	〃부를 호	〃빛 영	〃할 위
〃저물 모	布펼 포	華번성할 화	父아비 부
於어조사 어	〃베 포	〃빛 화	棄버릴 기
孝효도 효	外바깥 외	自스스로 자	其그 기
成이룰 성	是이 시	茂우거질 무	槁마를 고
內안 내	謂이를 위	矣어조사 의	〃볏짚 고
而말이을 이	建세울 건	君임금 군	
嘉아름다울 가	本근본 본	臣신하 신	

군자는 배우는 것을 부끄러워하지 않으며, 묻는 것도 부끄러워하지 않는다. 남에게 묻는 것은 지식의 근본이며, 생각하고 헤아리는 것은 앎의 도道이다.

이 말은 남이 아는 것을 통해서 자기도 알게 되는 것을 귀하게 여긴다는 뜻이며, 자기 홀로 아는 것을 이용해서 지식을 얻는 것은 그렇게 귀하지 않다는 뜻이다.

君子不羞學, 不羞問. 問訊者, 知之本; 念慮者, 知之道也. 此言貴因人知而知之, 不貴獨自用其知而知之.

君스승 군	訊물을 신	慮생각할 려	因인할 인
子임 자	者것 자	道길 도	而말이을 이
不아니 불,부	知앎 지	也어조사 야	獨홀로 독
羞부끄러워할 수	〃알 지	此이 차	自스스로 자
〃부끄럼 수	之어조사 지	言말씀 언	用쓸 용
學배울 학	本근본 본	貴귀히여길 귀	其그 기
問물을 문	念생각할 념	〃귀할 귀	

이리 헤아리고 저리 재어도 한 장丈의 길이쯤 되면 차이가 있게 마련이며, 미세한 저울로 달아 본다 해도 한 섬쯤 되면 반드시 착오가 있게 마련이다.

이를 한 섬 단위나 한 장 단위로 계산하면 빠르고도 과실이 적을 것이다.

실을 한 올씩 세거나 쌀을 낱알로 세면 번거롭기도 하고 정확하지도 않을 것이다.

따라서 크게 비교하면 쉽게 지혜를 얻을 수 있으나, 작은 문제를 말로만 곡변曲辯하면 지혜를 얻기 어렵다.

寸而度之, 至丈必差; 銖而稱之, 至石必過. 石稱丈量, 徑而寡失, 簡絲數米, 煩而不察. 故大較易爲智, 曲辯難爲慧.

寸치 촌	銖중량이름 수	″홀어미 과	″예 고
″마디 촌	稱저울질할 칭	失허물 실	大클 대
″촌수 촌	″일컬을 칭	″잃을 실	較견줄 교
而말이을 이	石섬 석	簡가릴 간	易쉬울 이
度잴 탁	″돌 석	″대쪽 간	″바꿀 역
″법도 도	過허물 과	絲실 사	爲할 위
之어조사 지	″잘못할 과	數셀 수	智지혜 지
至이를 지	量양 량	米쌀 미	曲굽을 곡
丈길이 장	″되 량	煩번거로울 번	辯말잘할 변
″어른 장	徑빠를 경	察자세할 찰	難어려울 난
必반드시 필	″지날 경	″살필 찰	慧슬기로울 혜
差틀릴 차	寡적을 과	故연고 고	

침묵하는 자는 말에 실수가 없고, 간곡히 생각하는 자는 일을 그르치지 않는다.

목마木馬는 뛸 수 없지만 먹을 것을 소비하지 않는다. 그러나 기기騏驥 같은 천리마가 하루에 1천리를 달리면서도 그 등에 채찍이 떠나지 않는다.

默無過言, 愨無過事. 木馬不能行, 亦不費食; 騏驥
日馳千里, 鞭箠不去其背.

默잠잠할 묵	木나무 목	食먹이 식	里이 리
無없을 무	馬말 마	騏준마 기	〃마을 리
過허물 과	不아니 불,부	〃검푸른말 기	鞭채찍 편
〃잘못할 과	能능할 능	驥천리마 기	箠채찍 추
言말씀 언	行걸을 행	日날 일	去떨어질 거
愨성실할 각	亦또한 역	馳달릴 치	其그 기
事일 사	費쓸 비	千일천 천	背등 배

소리가 있는 소리는 1백 리를 못 가지만, 소리가
없는 소리는 널리 사해四海에 퍼져 나간다.

그래서 녹祿이 그 공功보다 많은 자는 끝내 손해
를 보게 되며, 명분이 그 실질보다 지나친 자는 깎
이게 마련이다.

사정과 행동이 합일하면 백성이 저절로 따르게 되
나니, 화禍와 복福이란 이유 없이 다가오는 것이 아
니다.

시경에 『무슨 일로 그곳에 머무르시는지 반드시
누구와 함께 오려는 뜻이겠지. 무슨 일로 그리도 오
래 머무르시는지 반드시 이유가 있을 테지요!』라
했으니, 바로 이를 두고 한 말이다.

有聲之聲, 不過百里, 無聲之聲, 延及四海；故祿過
其功者損, 名過其實者削, 情行合而民副之, 禍福不虛
至矣. 詩云：『何其處也, 必有與也；何其久也, 必有以
也.』此之謂也.

聲소리 성	祿복 록	副버금 부	處곳 처
過지날 과	功공 공	〃도울 부	必반드시 필
〃지나칠 과	損잃을 손	禍재난 화	與더불 여
延늘일 연	實참 실	福복 복	久오랠 구
〃미칠 연	〃열매 실	虛빌 허	此이 차
及미칠 급	削깎일 삭	至이를 지	謂이를 위
故연고 고	情사정 정	何무엇 하	

216

  거짓에 힘쓰면 길게 갈 수 없고, 헛된 것을 좋아
하면 오래 견디낼 수 없다.

  務僞不長, 喜虛不久.

務힘쓸 무	不아니 불,부	″어른 장	虛헛될 허
僞거짓 위	長길 장	喜좋아할 희	久오랠 구

217

  앉은뱅이는 밤낮으로 한 번만 서서 걸어 보았으면
하고, 장님은 밤낮으로 눈을 떴으면 하는 소원을 잊
지 않는다.

  跛人日夜願一起, 盲人日夜不忘視.

跛발을꺾을 와	夜밤 야	起일어설 기	忘잊을 망
人사람 인	願원할 원	盲소경 맹	視볼 시
日낮 일	一한 일	不아니 불,부	

눈에 추호지말秋毫之末*까지 보이는 자는 태산太山이 보이지 않으며, 귀로 청탁지조淸濁之調*까지 듣는 자는 우뢰 소리가 들리지 않는 법이다.

무슨 이유인가? 오직 그 뜻 둔 바가 다르기 때문이다.

1백 사람이 실을 풀고 있을 때는 아무리 단단한 실뭉치를 묶으려 해도 불가능하며, 1천 사람이 비방하여 옥에 갇히게 되면 아무리 곧은 법령이라도 먹혀들지 않으며, 1만 사람이 모두 틀렸다고 하는 곳에는 훌륭한 선비라고 자처할 수 있는 자가 없다.

目察秋毫之末者, 視不能見太山; 耳聽淸濁之調者, 不聞雷霆之聲. 何也? 唯其意有所移也. 百人操觿, 不可爲固結; 千人謗獄, 不可爲直辭, 萬人比非, 不可爲顯士.

察살필 찰	濁흐릴 탁	唯오직 유	謗헐뜯을 방
秋가을 추	調고를 조	意뜻 의	獄옥 옥
毫조금 호	聞들을 문	所바 소	直곧을 직
〃잔털 호	雷천둥 뢰	移옮길 이	辭말씀 사
視볼 시	霆천둥소리 정	操잡을 조	比견줄 비
能능할 능	聲소리 성	觿뿔송곳 휴	非아닐 비
聽들을 청	何무엇 하	固굳을 고	顯밝을 현
淸맑을 청	〃어찌 하	結맺을 결	士선비 사

*동물의 가을털은 미세하고 가늘다는 뜻으로서, 그 끝이 더욱 미세함을 말함.
*청탁의 음조까지 구별해냄을 말함.

중니가 이렇게 말했다.

『그 땅이 아닌 곳에 심어 보았자 자랄 수가 없으며, 그 사람이 아닌데 말을 해주어 보았자 듣지를 않는다.

말을 들을 사람을 얻으면 마치 모래를 쌓아둔 곳에 비가 내리듯이 술술 적셔들지만, 그 사람이 아닌 경우에는 귀먹은 이를 모아두고 북을 치는 것과 같다.』

仲尼曰:『非其地而樹之, 不生也, 非其人而語之, 弗聽也; 得其人如聚沙而雨之, 非其人如聚聾而皷之.』

仲버금 중	樹심을 수	也어조사 야	聚모을 취
尼중 니	〃나무 수	語말 어	沙모래 사
非아닐 비	之어조사 지	弗아닐 불	雨비 우
其그 기	〃갈 지	聽들을 청	聾귀머거리 롱
地땅 지	不아니 불,부	得얻을 득	皷북칠 고
而말이을 이	生자랄 생	如같을 여	

덕을 쌓음에는 작다고 아니할 수 없으며, 원망을 쌓음에는 큰 것만이 보복이 있다고 여겨서는 안 된다.

크건작건 반드시 응보가 있으니, 진실로 그것이 덕이냐 원이냐의 형세에 따를 뿐이다.

積德無細, 積怨無大, 多少必報, 固其勢也.

積쌓을 적	怨원망할 원	報갚을 보	勢형세 세
德덕 덕	大큰 대	固진실로 고	〃기세 세
無없을 무	多많을 다	〃굳을 고	也어조사 야
細작을 세	少적을 소	其어조사 기	
〃가늘 세	必반드시 필	〃그 기	

무릇 웃사람이 아랫사람을 교화敎化시키는 것은 마치 바람이 풀을 눕게 하는 것과 같다.

동풍이 불면 풀은 서쪽으로 눕게 마련이며, 서풍이 불면 동쪽으로 고개를 낮추기 마련! 바람이 어디에서 부느냐에 따라 풀은 눕는다.

이 까닭으로 임금된 자의 행동은 조심에 조심을 거듭해야 하는 법이다.

또 굽은 채로 심겨진 나무가 어찌 곧은 그림자를 드리울 수 있겠는가?

마찬가지로 임금이 되어 그 행동이 올바르지 못하

고, 그 언어가 공경스럽지 못하면서 제왕의 이름을
보존하여 그 이름을 후세에 드날린 자는 아직 보지
못했다.

夫上之化下, 猶風靡草, 東風則草靡而西, 西風則草
靡而東, 在風所由而草爲之靡, 是故人君之動不可不愼
也. 夫樹曲木者惡得直景, 人君不直其行, 不敬其言者,
未有能保帝王之號, 垂顯令之名者也.

夫무릇 부	故연고 고	敬공경 경	顯드러낼 현
〃지아비 부	動움직임 동	能능할 능	〃밝을 현
猶같을 유	愼삼갈 신	保전할 보	令착할 령
〃오히려 유	樹나무 수	帝임금 제	〃하여금 령
靡쏠릴 미	惡어찌 오	號이름 호	
〃쓰러질 미	〃나쁠 악	〃부를 호	
草풀 초	得얻을 득	垂거의 수	
是이 시	景빛 경	〃드리울 수	

　무릇 관리가 자기 직책을 충분히 이겨내면 일이 잘 될 것이요, 일이 잘 되면 이익도 생긴다.

　그러나 그 직책을 감당해내지 못하면 일에 난亂이 생기고, 일에 난이 생기면 손실이 뒤따른다.

　凡吏勝其職則事治, 事治則利生; 不勝其職則事亂, 事亂則害成也.

凡무릇 범	其그 기	〃법 칙, 측	不아니할 불, 부
吏벼슬아치 리	〃어조사 기	事일 사	亂어지러울 란
〃아전 리	職벼슬 직	治다스릴 치	害해로울 해
勝이길 승	〃맡을 직	利이로울 리	成이루어질 성
〃견딜 승	則곧 즉	生생길 생	也어조사 야

　만물이 그 근본을 얻으면 살고, 백사百事가 그 도를 얻으면 이루어진다.

　도가 있는 곳에 천하가 귀의하며, 덕이 있는 곳을 천하가 덕으로 여긴다. 또 인이 있는 곳이면 천하가 이를 사랑하고, 의가 있는 곳이면 천하가 이를 두려워한다.

　집이 새면 사람들은 이를 버리고 떠나며, 물이 얕아지면 고기가 여기서 사라진다.

　그러나 나무가 높으면 새가 둥지를 치고, 덕이 두

터우면 선비들이 그를 따른다.

또 예가 있으면 백성이 두려워하고, 충과 신이 있는 곳에 선비는 죽음도 꺼리지 않고 받든다.

萬物得其本者生, 百事得其道者成. 道之所在, 天下歸之; 德之所在, 天下歸之; 仁之所在, 天下愛之; 義之所在, 天下畏之. 屋漏者民去之, 水淺者魚逃之, 樹高者鳥宿之, 德厚者士趣之, 有禮者民畏之, 忠信者士死之.

萬일만 만	之갈 지	漏샐 루	厚두터울 후
物물건 물	所바 소	民백성 민	士선비 사
得얻을 득	在있을 재	去갈 거	趣향할 추
其그 기	天하늘 천	水물 수	〃달릴 추
〃어조사 기	下아래 하	淺얕을 천	〃재촉할 촉
本근본 본	歸돌아갈 귀	魚고기 어	有있을 유
者어조사 자.	德덕 덕	逃달아날 도	禮예 례
生살 생	仁어질 인	樹나무 수	忠충성 충
百일백 백	愛사랑 애	高높을 고	信믿을 신
事일 사	義옳을 의	鳥새 조	死죽을 사
道길 도	畏두려워할 외	宿묵을 숙	〃죽음 사
成이룰 성	屋집 옥	〃별자리 수	

간언을 해도 듣지 않거든 후퇴해서 더불어 다투지 말라. 하는 일이 부당하거든 백성을 위해서 비방하라.

후회는 망령된 행동에서 비롯되고, 근심은 남보다 먼저 떠들어대는 데에서 시작된다.

諫之不聽, 後無與爭. 擧事不當, 爲百姓謗. 悔在於妄爲, 患在於先唱.

諫간할 간	與더불 여	爲위할 위	於어조사 어
之어조사 지	〃너 여	〃행위 위	妄망령될 망
不아니 불,부	爭다툴 쟁	百일백 백	患근심 환
聽들을 청	擧거사 거	姓겨레 성	先먼저 선
〃허락할 청	〃일으킬 거	謗헐뜯을 방	唱부를 창
後뒤질 후	事일 사	悔뉘우칠 회	
無없을 무	當마땅할 당	在있을 재	

문후가 일러 주었다.

『어느곳이건 어진 이·호걸·똑똑한 인물·박식한 자가 없는 마을이란 없다. 반대로 어느곳이나 남의 잘못을 들추어내기 좋아하고, 남의 착한 일은 덮어 두고자 하는 자도 없는 곳이 없다. 그러니 그곳에 가거든 반드시 어진 이에게 물어 스스로 찾아가고, 박식한 자에게는 그를 스승으로 모시고, 또 남의 잘

못을 들춰내기를 좋아하는 자, 남의 선을 덮어두고자 하는 자는 잘 보아 관찰해야 한다. 소문만 듣고 일을 처리해서는 안 된다.

무릇 듣는다는 것은 눈으로 직접 보느니만 못하고, 눈으로 보는 것은 발로 직접 밟아 보는 것만 못하며, 발로 밟아 보는 것은 손으로 변별해 보는 것만 못한 법이다. 사람이 처음 벼슬길에 나서는 것은, 마치 캄캄한 방에 들어가는 것과 같아 한참을 지나야 방 안의 물건이 보이기 시작하는 법, 그 다음에 눈이 밝아지면 다스림은 행해지게 마련이다.』

文侯曰：『是無邑不有賢豪辯博者也，無邑不有好揚人之惡，蔽人之善者也. 往必問豪賢者，因而親之；其辯博者，因而師之；問其好揚人之惡，蔽人之善者，因而察之，不可以特聞從事. 夫耳聞之不如目見之，目見之不如足踐之，足踐之不如手辨之；人始入官，如入晦室，久而愈明，明乃治，治乃行.』

侯제후 후	博넓을 박	察살필 찰	官벼슬 관
邑고을 읍	揚나타낼 양	聞들을 문	晦어두울 회
賢어질 현	惡모질 악	從좇을 종	愈나을 유
豪뛰어날 호	蔽가릴 폐	踐밟을 천	乃이에 내
辯말잘할 변	師스승 사	辨분별할 변	治다스릴 치

226

공경히 하고 겸손히 양보하며 청렴에 힘써 남을 헐뜯지 말라. 인자한 마음으로 남을 사랑하면 반드시 그 상을 받으리라.

恭敬遜讓, 精廉無謗; 慈仁愛人, 必受其賞.

恭공손할 공	廉청렴 렴	仁어질 인	其그 기
敬공경 경	無말 무	愛사랑 애	賞상줄 상
遜겸손할 손	″없을 무	人남 인	″상 상
讓사양할 양	謗헐뜯을 방	必반드시 필	
精전일할 정	慈사랑 자	受받을 수	

227

윗사람을 높이고 어진 이를 존중하며 남에게 교만하게 굴지 말아야 한다. 총명하고 성스러운 지혜를 가진 자는 남을 궁지에 몰지 않으며, 천품天品이 민첩할수록 남보다 앞서서는 안 된다. 또 스스로가 강의剛毅하고 용맹하다고 해서 남을 이기려고 들어서도 안 된다.

모르면 물어야 하고, 못하면 배워야 한다. 비록 지혜롭다 해도 반드시 그 바탕을 살펴본 연후에야 이를 변석辯析하며, 비록 능하다 할지라도 반드시 양보한 이후에야 이를 맡아 한다.

그러므로 선비란 비록 총명하고 성지聖智가 있다

해도 스스로는 어리석음으로 지켜야 하고, 그 공이 천하를 덮을지라도 스스로는 양보로써 지키며, 용력勇力이 세상을 막을 수 있다 해도 스스로는 겁약怯弱으로 지키고, 부富가 천하를 다 가졌다 해도 염직廉直으로 지켜야 한다.

　이렇게 하는 자는 가히 높이 있어도 위험하지 않고, 가득 차고도 넘치지 않을 것이다.

　高上尊賢, 無以驕人; 聰明聖智, 無以窮人; 資給疾速, 無以先人; 剛毅勇猛, 無以勝人. 不知則問, 不能則學. 雖智必質, 然後辯之; 雖能必讓, 然後爲之; 故士雖聰明聖智, 自守以愚; 功被天下, 自守以讓; 勇力距世, 自守以怯; 富有天下, 自守以廉; 此所謂高而不危, 滿而不溢者也.

尊높일 존	給넉넉할 급	雖비록 수	〃옷 피
賢어질 현	疾빠를 질	質바탕 질	距막을 거
驕교만할 교	速빠를 속	辯바로잡을 변	怯겁낼 겁
聰밝을 총	剛굳셀 강	〃말잘할 변	廉청렴할 렴
窮궁할 궁	毅굳셀 의	讓겸손할 양	〃염질할 렴
資바탕 자	勇날랠 용	愚어리석을 우	謂이를 위
〃재물 자	猛사나울 맹	被덮을 피	危위태할 위

228

부유함이란 만족을 아는 데에 있고, 귀함이란 물러섬을 구하는 데에 있다.

富在知足, 貴在求退.

富부유할 부　　知알 지　　　足발 족　　　退물러설 퇴
〃부자 부　　　〃슬기 지　　　貴귀할 귀　　〃물러날 퇴
在있을 재　　　足족할 족　　　求구할 구

229

정절貞節이 있고 선량한데도 망함이 있는 경우는 그 선조들의 여앙餘殃이 있기 때문이요, 못 되고 악한데도 살아나는 경우는 그 선조들의 여열餘烈이 있기 때문이다.

貞良而亡, 先人餘殃; 猖蹶而活, 先人餘烈.

貞곧을 정　　〃잃을 망　　殃재앙 앙　　活살 활
良어질 량　　先먼저 선　　猖미쳐날뛸 창　〃살림 활
而말이을 이　人사람 인　　蹶넘어질 궐　　烈아름다울 렬
亡멸할 망　　餘남을 여　　〃움직일 궤　　〃세찰 렬

선을 행한다면서 정직하게 하지 않으면 끝내 곡해
曲解를 입을 것이요, 추한 것을 해놓고도 해결하지
않으면 끝내 악함이 찾아오리라.

爲善不直, 必終其曲; 爲醜不釋, 必終其惡.

爲행할 위	必반드시 필	曲굽을 곡	〃풀이 석
善착할 선	終끝날 종	〃간사 곡	惡악할 악
不아니 불,부	其그 기	醜더러울 추	〃미워할 오
直곧을 직	〃어조사 기	釋풀 석	

무릇 인간에게 있어서의 환난과 재앙이라는 것은
음일과 포만에서 생긴다. 그리고 이 음일과 포만의
근본은 다시 음주에서 생긴다.

그러므로 옛날에 음주에 대한 예를 중시했다.

사람은 귀에는 좋은 소리를 들려 주고, 눈으로는
바르고 단정한 모습을 보여 주며, 발에게는 바른 걸
음과 태도로 걷게 하며, 마음에게는 바른 도리를 논
하게 해야 한다.

따라서 종일 술을 마셔도 과실이 없어야 하며, 가
까이는 며칠 멀리는 몇 달이 되어도 덕을 그 속에
갖추어 더욱 선한 길로 가야 한다.

시경에 『취하기는 술로 취했으나 배부르기는 덕으로 했네!』라고 했으니, 바로 이를 두고 한 말이다.

凡人之有患禍者, 生於淫泆暴慢, 淫泆暴慢之本, 生於飮酒; 故古者愼其飮酒之禮, 使耳聽雅音, 目視正儀, 足行正容, 心論正道. 故終日飮酒而無過失, 近者數日, 遠者數月, 皆人有德焉以益善, 詩云: 『旣辭以酒, 旣飽以德.』此之謂也.

凡무릇 범	酒술 주	容모습 용	德덕 덕
患근심 환	愼삼갈 신	論의논할 론	焉어조사 언
禍재앙 화	禮예 례	終끝 종	益더할 익
淫방탕할 음	使부릴 사	過잘못할 과	旣이미 기
泆음탕할 일	聽들을 청	失허물 실	辭말씀 사
暴사나울 폭,포	雅바를 아	數대여섯 수	飽배부를 포
慢거만할 만	視볼 시	遠멀 원	此이 차
飮마실 음	儀거동 의	皆다 개	謂이를 위

죽고 살고 해보아야 친구의 우정을 알 수 있고, 가난해 보기도 하고 부유해 보기도 해야 친구의 태도를 알 수 있다. 또 귀해 보기도 하고 천해 보기도 해야 친구의 우정이 드러나며, 한 번 뜨고 한 번 가라앉아 보아야 친구의 우정이 어떻게 나타나는가를 볼 수 있다.

一死一生, 乃知交情. 一貧一富, 乃知交態. 一貴一賤, 交情乃見. 一浮一沒, 交情乃出.

一한 일	知알 지	富넉넉할 부	〃볼 견
死죽을 사	交벗 교	態모양 태	浮뜰 부
生살 생	〃사귈 교	貴귀할 귀	沒빠질 몰
〃날 생	情뜻 정	賤천할 천	出나타날 출
乃이에 내	貧가난할 빈	見나타날 현	

공자가 말했다.
『자기 자식에 대해서 잘 모르거든 그가 사귀는 친구를 보라. 또 자기가 섬기는 임금에 대해서 잘 모르겠거든 그가 부리는 신하를 보라.』
또 이렇게 말했다.
『훌륭한 사람과 함께 거하는 것은 마치 난지초 있는 방에 들어가 있는 것과 같아, 오래 있어도 그 향

기를 맡지 못하는 것은 이미 그 향기에 젖어 있기
때문이다. 또 악인과 같이 거하는 것은 생선가게에
들어가 있는 것과 같아, 오래 되어도 그 냄새를 못
맡는 것은 이미 그 냄새에 젖어 있기 때문이다.』

　그러므로 붉은 단丹이 갈무리된 곳은 붉을 수밖에
없고, 검은 까마귀색을 소장한 곳은 검게 마련이다.
때문에 군자는 무엇을 소장할 것인가에 주의해야
한다.

　孔子曰：『不知其子，視其所友；不知其君，視其所
使.』又曰：『與善人居，如入蘭芷之室，久而不聞其香，
則與之化矣；與惡人居，如入鮑魚之肆，久而不聞其臭，
亦與之化矣.』故曰：丹之所藏者赤，烏之所藏者黑. 君
子愼所藏.

視볼 시	居살 거	聞맡을 문	鮑절인어물 포
友벗 우	如같을 여	香향기 향	肆가게 사
使부릴 사	蘭난초 란	則곧 즉	臭냄새 취
又또 우	芷어수리 지	化화할 화	亦또한 역
與더불 여	室방 실	矣어조사 의	丹주사 단
善좋을 선	久오랠 구	惡악할 악	藏감출 장

234

패배한 장수는 용勇이란 말을 입에 담을 수 없고,
나라를 망친 신하는 지智라는 말을 내뱉을 수가 없다.

敗軍之將不可言勇, 亡國之臣不可言智.

敗패할 패	不아니 불,부	勇용감할 용	國나라 국
軍군사 군	可가히 가	〃날랠 용	臣신하 신
之어조사 지	〃옳을 가	亡망할 망	智지혜 지
將장수 장	言말씀 언	〃잃을 망	

235

전傳에 이르기를 『여러 사람의 의견은 하늘의 뜻을 헤아릴 수 있다. 이를 모두 모아 듣되 결단을 내리는 것은 한 사람에게 달려 있다』라고 했으니, 이것이 큰 모책謀策을 실현시키는 기술이다.

모책에는 두 가지 종류가 있다. 제일 좋은 모책은 천명天命을 아는 것이요, 그 다음은 인사人事를 알고 하는 것이다. 천명을 알게 되면 존망화복의 근원을 미리 알 수 있고, 성쇠폐흥의 시작을 일찍 알 수 있으며, 아직 싹트지 않은 일을 방비할 수 있고, 형태를 갖추지 않은 재난으로부터 피해 나갈 수 있다. 이와 같은 자가 난세에 났으면 반드시 천하의 권세를 잡을 수 있을 것이다.

또 인사를 아는 것만으로도 대단한 정도이다. 일

이 되어 가는 것을 보고 득실성패의 분화分化를 알아서 그 끝이 어디일까를 판단할 수 있기 때문이다.

따라서 실적과 공로를 어그러뜨림이 없게 된다.

傳曰:『衆人之智, 可以測天, 兼聽獨斷, 惟在一人.』此大謀之術也. 謀有二端: 上謀知命, 其次知事. 知命者預見存亡禍福之原, 早知盛衰廢興之始, 防事之未萌, 避難於無形, 若此人者, 居亂世則不害於其身, 在乎太平之世則必得天下之權: 彼知事者亦尙矣, 見事而知得失成敗之分, 而究其所終極, 故無敗業廢功.

傳책 전	惟오직 유	衰쇠할 쇠	亂어지러울 란
〃전할 전	謀꾀 모	廢폐할 폐	權권세 권
衆무리 중	術길 술	興흥할 흥	彼저 피
智슬기 지	端근본 단	始처음 시	尙숭상할 상
測잴 측	預미리 예	防막을 방	〃오히려 상
兼겸할 겸	禍재난 화	萌싹틀 맹	終끝 종
聽들을 청	福복 복	避피할 피	極다할 극
獨홀로 독	原근원 원	難어려울 난	敗패할 패
斷결단할 단	早일찍 조	若같을 약	業업 업
〃끊을 단	盛성할 성	居살 거	功공 공

괴리乖離된 허물들 어디서나 생겨나네. 훼패毁敗
의 단서가 이로부터 시작되네.

강하江河가 크다 하나 개미굴에 의해 터지고, 산이
높다 하나 작은 곳이 허물어지면서 크게 내려앉네!

乖離之咎, 無不生也, 毁敗之端, 從此興也. 江河大潰
從蟻穴, 山以小阤而大崩.

乖어그러질 괴	〃날 생	此이 차	穴굴 혈
離떠날 리	也어조사 야	興일어날 흥	山메 산
之어조사 지	毁헐 훼	江강 강	以써 이
咎허물 구	敗패할 패	河내 하	小작을 소
無없을 무	端실마리 단	大클 대	阤무너질 치
不아니 불,부	〃바를 단	潰무너질 궤	而말이을 이
生생길 생	從좇을 종	蟻개미 의	崩무너질 붕

우환은 소홀함에서 생기고, 화는 아주 작은 데에
서 비롯된다. 한번 오욕을 입으면 씻어내기 어렵고,
일을 그르치고 나면 되돌리기가 불가능하다.

심념원려深念遠慮하지 않았다가 후회하는 일이 얼
마나 많은가?

무릇 요행을 바라는 것은 천성을 그르치게 하는
도끼를 믿는 것이요, 기욕嗜欲이란 화를 따라 좇아

가는 말(馬)과 같다.

그리고 아첨이란 그 궁극이 치욕의 집이요, 남에게 학대를 베푸는 것은 화를 찾아 달려가는 길과 같다.

憂患生於所忽, 禍起於細微, 汚辱難湔灑, 敗事不可復追, 不深念遠慮, 後悔當幾何? 夫徼幸者, 伐性之斧也; 嗜欲者, 逐禍之馬也; 諛諛者, 窮辱之舍也; 取虐於人者, 趨禍之路也.

憂근심 우	難어려울 난	慮생각할 려	逐쫓을 축
患근심 환	湔씻을 전	悔뉘우칠 회	諛속일 만
忽소홀히할 홀	灑깨끗할 쇄	當당할 당	諛아첨할 유
禍재난 화	敗패할 패	幾얼마 기	窮다할 궁
起일어날 기	復돌이킬 복	徼요행 요	舍집 사
細가늘 세	追쫓을 추	伐칠 벌	取취할 취
微작을 미	深깊을 심	斧도끼 부	虐해롭게할 학
汚더러울 오	念생각 념	嗜즐길 기	趨향할 추
辱욕될 욕	遠멀 원	欲하고자할 욕	路길 로

＊深念遠慮 : 깊이 생각하고 멀리까지 고려함.

광대한 것은 이利를 좋아하는 데에 있고, 공경은
어버이를 섬기는 데에 있다.

廣大在好利, 恭敬在事親.

廣넓을 광   好좋아할 호   敬공경 경   親어버이 친
大클 대   利이로울 리   事섬길 사   〃친할 친
在있을 재   恭공손할 공   〃일 사

공자가 이렇게 말했다.

『보통 사람들의 성정性情이란 여유가 있으면 사치
를 부리고, 부족하면 너무 인색하며, 금하는 것이 없
으면 방종하게 굴고, 제한을 두지 않으면 놓치는 것
이 많으며, 욕심대로 하라고 하면 모든 것을 깨뜨리
고 만다.

그러나 음식에는 적당한 양이 있어야 하고, 의복
에는 절제가 있어야 하며, 주거에는 제한이 있어야
하고, 가축을 기르는 때에도 제한된 숫자가 있어야
하며, 수레와 그릇도 한계가 있어야 한다. 그래야 혼
란의 근원을 막을 수 있다.』

따라서 도량을 명확히 하지 않을 수 없고, 선한

길로 가려는 욕망은 잘 들어 주지 않으면 안 된다.

孔子曰:『中人之情, 有餘則侈, 不足則儉, 無禁則淫,
無度則失, 縱欲則敗. 飮食有量, 衣服有節, 宮室有度,
畜聚有數, 車器有限, 以防亂之源也.』故夫度量不可不
明也, 善欲不可不聽也.

情뜻 정	〃국량 도	服옷 복	限지경 한
餘남을 여	失잃을 실	節존절할 절	防막을 방
則곧 즉	縱놓아둘 종	宮대궐 궁	亂어지러울 란
侈사치할 치	欲하고자할 욕	室집 실	源근원 원
足족할 족	敗패할 패	畜기를 축	故연고 고
儉검소할 검	飮마실 음	聚무리 취	夫대저 부
禁금할 금	食먹이 식	數셀 수	明밝을 명
淫방탕할 음	量양 량	車수레 차,거	善착할 선
度정도 도`	衣옷 의	器그릇 기	聽들을 청

이익에 매달려 급급하면 환난을 만나기 쉽고, 가
볍고 경솔하게 응낙을 하게 되면 믿음이 줄어들게
된다.

營於利者多患, 輕諾者寡信.

營꾀할 영   利이로울 리   患재앙 환   寡적을 과
" 경영할 영   者어조사 자   輕가벼울 경   信믿을 신
於어조사 어   多많을 다   諾승낙할 낙

노자가 이렇게 말했다.
『이익되는 바를 얻으면 반드시 그 손해날 것에 대
해 염려해야 하고, 성취에 따른 즐거움을 누릴 때는
반드시 그 실패가 있지 않을까 돌아보아야 한다.
선을 위해서 힘쓰는 자는 하늘이 복으로 보상하
고, 불선不善을 저지르는 자는 하늘이 화로써 이를
갚는다.
그래서 〈화는 복을 의지해서 생겨나고, 복은 화
속에 감추어져 있던 것이다〉라고 했으니 경계하고
조심할지니라.
군자가 힘쓰지 않으면서 어찌 방비할 수 있겠는
가? 무릇 위로 하늘이 있음을 알면 때를 놓치지 않

을 것이요, 아래로 땅이 있음을 알면 재물을 잃지
않을 것이다. 밤낮으로 근신하면 재해를 만나지 않
을 것이다.』

老子曰:『得其所利, 必慮其所害; 樂其所成, 必顧其
所敗. 人爲善者, 天報以福; 人爲不善者, 天報以禍也.
故曰: 禍兮福所倚; 福兮禍所伏; 戒之愼之, 君子不
務. 何以備之, 夫上知天則不失時; 下知地則不失財. 日
夜愼之, 則無災害.』

慮걱정할 려	福복 복	〃엎드릴 복	〃갖출 비
害해 해	禍재난 화	戒경계할 계	失잃을 실
樂즐거울 락	兮어조사 혜	愼삼갈 신	財재물 재
顧돌아볼 고	倚기댈 의	務힘쓸 무	夜밤 야
敗패할 패	〃병신 기	何어찌 하	災재앙 재
報갚을 보	伏숨길 복	備예방할 비	

242

　너무 가까운 시장에서는 물건을 사기 어렵고, 농토만 있는 곳에는 빈들이 없으며, 선한 사람은 나그네를 거역하지 못한다.

近市無賈, 在田無野, 善不逆旅.

近가까울 근	〃장사 고	野들 야	旅나그네 려
市저자 시	〃값 가	善착할 선	〃여행할 려
無없을 무	在있을 재	不아니 불,부	〃군사 려
賈살 고	田밭 전	逆거스를 역	

243

　어른이 되어서는 덕을 갖추어야 하고, 어린아이일 때는 가르침이 있어야 한다. 이것이 큰 학문의 교육이다.

　어떤 일이 발생하기 전에 이를 막는 것을 예預라 하며, 그것이 발생했을 때 가可하게 하는 것을 시時라 하며, 서로의 장점을 보고 착한 쪽으로 가는 것을 마磨라 하고, 배워서 절도를 넘지 않게 이를 베푸는 것을 순馴이라 한다.

　발생한 연후에 막으려 들면 서로 싸움만 나서 이겨내지 못하며, 시기가 지난 이후에 배우는 것은 고생만 많을 뿐 성공하기 어려우며, 마구 베풀며 겸손

하지 않으면 다스려지지 않고, 홀로 배워 친구가 없게 되면 고루하고 듣는 바가 적게 된다.

成人有德, 小子有造, 大學之敎也; 時禁於其未發之曰預, 因其可之曰時, 相觀於善之曰磨, 學不陵節而施之曰馴. 發然後禁, 則扞格而不勝; 時過然後學, 則勤苦而難成; 雜施而不遜, 則壞亂而不治; 獨學而無友, 則孤陋而寡聞.

德덕 덕	善착할 선	則곧 즉	遜겸손할 손
造지을 조	磨갈 마	〃법 칙, 측	壞무너질 괴
禁금할 금	陵넘을 릉	扞다닥칠 한	亂어지러울 란
未아닐 미	〃언덕 릉	格이를 격	治다스릴 치
發일으킬 발	節마디 절	勝이길 승	獨홀로 독
〃쏠 발	施베풀 시	過지날 과	孤외로울 고
預미리 예	馴순할 순	勸힘쓸 권	陋좁을 루
因인할 인	〃길들일 순	苦괴로울 고	寡적을 과
相서로 상	然그럴 연	難어려울 난	〃홀어미 과
觀볼 관	後뒤 후	雜섞일 잡	聞들을 문

244

무릇 허물이 있으면서 이를 고치면, 이는 곧 허물
이 없는 것과 같다.

夫過而改之, 是猶不過.

夫대저 부   而말이을 이   之어조사 지   猶같을 유
過허물 과   改고칠 개   是이 시   不아니 불,부

245

무릇 배움이란 숭명입신의 근본이다.
따라서 묻는다는 것은 지혜의 근본이며, 깊이 생
각한다는 것은 지혜의 길이다.
중용에는 『묻기를 좋아하는 것은 지혜에 가까우
며, 힘써 실천하는 것은 인仁에 가까우며, 부끄러움
을 아는 것은 용勇에 가깝다』라고 했다.
적은 것을 쌓아 능히 클 수 있었던 이는 그 오직
중니仲尼인저!
학문이란 바로 감정을 반성하고 본성을 다스리며
자기 재능을 다하는 것이다.
그리하여 어진 이를 친하여 배우고 물어야 덕이
자랄 것이며, 친구와 토론하고 의견을 합해 보아야
서로 성공시킬 수 있는 것이다.
시경에는 『자르듯이 갈 듯이 쪼듯이 닦듯이!』라고

했으니, 바로 이를 두고 한 말이다.

夫學者, 崇名立身之本也. 故曰: 訊問者智之本, 思慮者智之道也. 中庸曰:『好問近乎智, 力行近乎仁, 知恥近乎勇.』積小之能大者, 其惟仲尼乎! 學者所以反情治性盡才者也, 親賢學問, 所以長德也; 論交合友, 所以相致也. 詩云:『如切如磋, 如琢如磨.』此之謂也.

崇높을 숭	近가까울 근	情뜻 정	致이를 치
訊물을 신	恥부끄러울 치	性성품 성	如같을 여
問물을 문	勇용감할 용	盡다할 진	切끊을 절
智지혜 지	積쌓을 적	親친할 친	磋갈 차
思생각할 사	能능할 능	賢어질 현	琢쪼을 탁
慮생각할 려	惟오직 유	德덕 덕	磨갈 마
庸쓸 용	仲버금 중	論논할 논	此이 차
〃범상할 용	尼중 니	相서로 상	謂이를 위

　교룡蛟龍이 비록 신령하나 밝은 대낮에 구름을 만들어 탈 수는 없고, 돌개바람이 비록 빠르다고는 하나 구름 끼고 비 오는 날에 먼지를 일으킬 수는 없다.

　蛟龍雖神, 不能以白日去其倫; 飄風雖疾, 不能以陰雨揚其塵.

蛟교룡 교	白밝을 백	飄회오리바람 표	揚날 양
龍용 룡	日낮 일	風바람 풍	〃오를 양
雖비록 수	去버릴 거	疾빠를 질	其그 기
神영묘할 신	其그 기	〃병 질	〃어조사 기
不아니할 불,부	〃어조사 기	陰흐릴 음	塵티끌 진
能능할 능	倫인륜 륜	〃가릴 음	
以써 이	〃차례 륜	雨비올 우	

＊蛟龍:龍의 일종.
＊去其倫:바람과 구름을 일으켜 타고 떠남(다님)으로 해석.

　우군虞君이 묻자 분성자盆成子가 말했다.
　『지금 보니 장인匠人의 기예는 시간이 흐르면 흐를수록 더욱 정교해지나 미모는 늙으면 쇠하는구나. 지금, 사람들은 장년이 오기 전에 마음 속에 기술을 더욱 축적하여 장차 늙어 미모가 쇠할 때를 대비해야 한다. 미모란 늙기 전에 다하는 것이요, 지모란 어린 시절에 닦아 놓은 것이 조금도 사라지지 않는

다. 아름다운 미모는 멋진 것 같으나 장차 끝날 날
이 있으니, 어찌 호탕하게 믿을 수 없는 몸에 의탁
시킬 수 있으리요.

　따라서 기술이란 몸에 얽매이지도 않고 또한 사라
지는 법도 없으나, 미모란 항상 무성茂盛함을 간직
할 수가 없는 것이라 할 수 있다.』

　虞君問盆成子曰: 『今工者久而巧, 色者老而衰; 今
人不及壯之時, 益積心技之術, 以備將衰之色, 色者必
盡乎老之前, 知謀無以異乎幼之時. 可好之色, 彬彬乎
且盡, 洋洋乎安託無能之軀哉! 故有技者不累身而未嘗
滅, 而色不得以常茂.』

虞나라이름 우	術업 술	彬빛날 빈	累묶을 루
盆동이 분	備갖출 비	且또 차	〃포갤 루
久오랠 구	將장차 장	洋넓을 양	嘗맛볼 상
巧공교할 교	〃장수 장	〃큰바다 양	〃항상 상
衰쇠할 쇠	盡다할 진	託의탁할 탁	滅멸할 멸
壯왕성할 장	謀꾀할 모	能능할 능	得얻을 득
積쌓을 적	異다를 이	軀몸 구	常항상 상
技재주 기	幼어릴 유	哉어조사 재	茂무성할 무

공자가 이렇게 말했다.

『배는 물을 만나지 못하면 운행할 수 없으나, 그 물이 배 안으로 들어오면 오히려 침몰하고 만다. 그러므로 군자는 근엄하게 하지 않으면 안 되고, 소인은 방비하지 않으면 안 된다.』

孔子曰:『船非水不可行, 水入船中, 則其沒也, 故曰: 君子不可不嚴也, 小人不可不閉也.』

船배 선	行다닐 행	沒빠질 몰	閉닫을 폐
非아닐 비	入들 입	故연고 고	也어조사 야
水물 수	則곧 즉	君스승 군	
可가히 가	其그 기	嚴엄할 엄	

* 嚴은 물이 들어오지 못하게 하듯이 근엄하게 함.
* 閉는 닫다, 물이 스미지 않게 방비하다의 뜻.

공자가 말했다.

『무릇 활과 화살은 알맞게 당겨 조화를 이루어야 과녁에 적중할 수 있고, 말은 순하게 잘 길들여진 연후에야 좋은 재질을 발휘할 수 있으며, 마찬가지로 사람은 반드시 충신중후忠信重厚한 후라야 지식과 재능을 드러낼 수 있다.

지금 어떤 사람이 있는데 충신중후하지 못하면서

꾀와 능력만 있다면, 이는 곧 시랑豺狼과 같을 뿐이니 그에게 가까이해서는 안 된다.

그러므로 먼저 그 사람이 인의仁義에 성실한가를 보고 그에게 친해야 하며, 그리고 나서 그가 지혜와 능력까지 가졌다면 그때에 임용해야 한다.

따라서 어진 이는 가까이하고, 능력 있는 자는 부릴 줄 아는 것이 바로 사람을 취하는 방법이다.」

孔子曰:『夫弓矢和調而後求其中焉; 馬愨愿順, 然後求其良材焉; 人必忠信重厚, 然後求其知能焉. 今人有不忠信重厚而多知能, 如此人者, 譬猶豺狼與, 不可以身近也. 是故先其仁信之誠者, 然後親之; 於是有知能者, 然後任之; 故曰: 親仁而使能, 夫取人之術也.』

弓활 궁	順순할 순	〃원숭이 유	親친할 친
矢화살 시	然그럴 연	豺승냥이 시	使부릴 사
調고를 조	良좋을 량	狼이리 랑	取취할 취
焉어조사 언	厚두터울 후	與더불 여	術길 술
愨성실할 각	譬비유할 비	誠정성 성	〃꾀 술
愿성실할 원	猶같을 유	任맡길 임	

남이 미워하는 자에게 상賞을 내린다는 것은 그 상을 잃는 것이다. 또 남이 좋아하는 바가 있으면 어떻게 하나? 그에게 상을 내리지 않는다면, 이는 믿음을 잃는 것이다.

賞所甚惡, 是失賞也, 若所好何? 若不賞, 是失信也.

賞상줄 상	〃악할 악	若및 약	〃무엇 하
所바 소	是이 시	〃만일 약	信믿을 신
甚심할 심	失잃을 실	好좋아할 호	
惡미워할 오	也어조사 야	何어찌 하	

무릇 사람의 성품性品이란 누구나 그 덕을 잘 닦아 보고 싶어하지 아니하는 자가 없다. 그러나 그 덕을 잘 기르지 못하는 것은 사사로운 이익이 그 덕을 깨뜨리기 때문이다. 그래서 군자君子는 이리利라는 말의 이름만 들어도 부끄러워한다.

이리利라는 말을 부끄러워하면서도 오히려 덕을 깨뜨리는 경우가 있는데, 하물며 그 이리利에 걸터앉아 이를 구하는 자에게 있어서랴?

웃사람이 아랫사람을 변화시키는 것은, 마치 바람이 풀을 눕게 하는 것과 같다. 따라서 임금이 된 자는 덕을 귀히 여김을 밝히고, 이利를 천하게 여긴다는 것으로써 아랫사람을 인도해야 한다. 그렇지 않으면 아랫사람이 악을 지어도 이를 저지시킬 수 없기 때문이다.

凡人之性, 莫不欲善其德, 然而不能爲善德者, 利敗之也; 故君子羞言利名, 言利名尙羞之, 況居而求利者乎? 上之變下, 猶風之靡草也, 故爲人君者, 明貴德而賤利以道下, 下之爲惡, 尙不可止.

凡무릇 범	能능할 능	況하물며 황	〃원숭이 유
性성품 성	爲할 위	〃비유할 황	靡쏠릴 미
莫없을 막	利이로울 리	居앉을 거	〃쓰러질 미
欲하고자할 욕	敗무너뜨릴 패	〃살 거	貴귀할 귀
善잘할 선	故예 고	求구할 구	賤천할 천
德덕 덕	羞부끄러울 수	變변할 변	惡나쁠 악
然그러할 연	尙오히려 상	猶같을 유	止그칠 지

252

　물의 흐름을 따라 내려가면 쉽게 이를 수 있고,
바람을 타고 달리면 멀리까지 갈 수 있다.

　循流而下, 易以至 ; 倍風而馳, 易以遠.

循좇을 순　　　下아래 하　　　至이를 지　　馳달릴 치
〃돌 순　　　　易쉬울 이　　　倍겸할 배　　遠멀 원
流흐를 류　　　〃바꿀 역　　　〃곱 배
而말이을 이　　以써 이　　　　風바람 풍

253

　공자가 말했다.

　『무릇 물이라고 하는 것은 군자에게는 덕으로 비유
된다. 그는 널리 시여施予하되 사사로움이 없어 덕과
같은 것이다. 그를 만나는 물건은 살아나니 인仁과
같은 것이다. 또 그 흐름이 낮은 데로, 스스로 굽은
대로 따라가서 그 지리에 순응하니 의義와 같은 것이
며, 얕은 물은 흘러 움직이고 깊은 물은 그 깊이를
알 수 없으니 지智와 같으며, 1백 길이 되는 절벽도
의심 없이 다가가니 용勇과 같은 것이다. 그런가 하
면 약하지만 면면히 이어가서 천천히 도달하니 찰察
과 같은 것이며, 나쁜 것을 만나도 사양하지 않고 받
아 주니 포몽包蒙과 같으며, 청결치 못한 것을 받아

들여 깨끗하게 해서 내보내니 이는 선화善化와 같고, 지극히 큰 양量도 평평하게 해주니 이는 정正과 같은 것이며, 가득 채우고도 더 넘치기를 바라지 않으니 이는 도度와 같으며, 온갖 굴절을 헤치고 끝내 동쪽에 닿으니 이는 의意와 같은 것이다. 이 까닭으로 군자가 큰 물을 보면 반드시 감상하는 것이다.』

孔子曰：『夫水者, 君子比德焉. 遍予而無私, 似德; 所及者生, 似仁; 其流卑下句倨, 皆循其理, 似義; 淺者流行, 深者不測, 似智, 其赴百仞之谷不疑, 似勇; 綿弱而微達, 似察; 受惡不讓, 似包蒙; 不淸以入, 鮮潔以出, 似善化; 至量必平, 似正; 盈不求槪, 似度; 其萬折必東, 似意. 是以君子見大水觀焉爾也.』

德덕 덕	皆다 개	谷골 곡	包용납할 포
焉어조사 언	循좇을 순	疑의심할 의	蒙어두울 몽
遍두루 편	理도리 리	綿연이을 면	淸맑을 청
似같을 사	義옳을 의	弱약할 약	鮮고울 선
及미칠 급	淺얕을 천	微조금 미	潔깨끗할 결
流흐를 류	深깊을 심	達달할 달	盈찰 영
卑낮을 비	測잴 측	察살필 찰	槪평평할 개
句굽을 구	赴다다를 부	受받을 수	折꺾을 절
倨굽을 거	仞한길 인	讓사양할 양	爾뿐 이

• 包蒙：蒙昧한 것을 모두 포용함.
• 善化：잘 敎化·化育시킴. 정화시킴.

일에 먼저 근심을 가지고 시작하는 자는 뒤에 즐거움을 얻지만, 먼저 오만부터 부리는 자는 뒤에 근심이 있게 된다.

先憂事者後樂, 先憸事者後憂.

先먼저 선　　事일 사　　後뒤 후　　　憸오만할 오
憂근심 우　　者사람 자　　樂즐거울 락

왕된 자는 스스로를 낮추어 무리를 다스릴 줄 알아야 한다. 그렇게 되면 신하들은 오히려 두려워하면서 복종한다.

또 말과 행동을 잘 듣고 받아줄 줄 알게 되면 속임수에 걸려들지 않는다. 만백성을 편안하고 이익되게 하는 방법을 알아 실천하면 해내海內가 안정을 얻으며, 충효忠孝로써 웃사람을 섬길 줄 알게 되면 신하나 아들된 자가 실천하고 갖추어 주게 된다.

무릇 위협과 살인으로 하는 자는, 도술道術을 어떻게 써야 그 신하를 제어할 수 있는지를 모르는 자이다.

王者知所以臨下而治衆, 則群臣畏服矣; 知所以聽言

受事, 則不蔽欺矣; 知所以安利萬民, 則海內必定矣;
知所以忠孝事上, 則臣子之行備矣. 凡所以劫殺者, 不
知道術以御其臣下也.

王임금 왕	臣신하 신	安편안할 안	〃갈 지
者사람 자	畏두려워할 외	利이로울 리	行행할 행
知알 지	服좇을 복	萬일만 만	備갖출 비
所바 소	〃옷 복	民백성 민	凡무릇 범
以써 이	矣어조사 의	海바다 해	劫으를 겁
臨임할 림	聽들을 청	內안 내	殺죽일 살
下아래 하	言말씀 언	必반드시 필	道길 도
而말이을 이	受받을 수	定정할 정	術업 술
治다스릴 치	事일 사	忠충성할 충	御어거할 어
衆무리 중	〃섬길 사	孝효도 효	〃부릴 어
則곧 즉	不아니할 불,부	上위 상	其그 기
〃법 칙,측	蔽가릴 폐	子아들 자	也어조사 야
群무리 군	欺속일 기	之어조사 지	

- 不蔽欺 : 가림과 속임수에 의해 잘못하는 일이 없게 됨.
- 海內 : 四海之內, 온 천하.

자사子思가 말했다.

『배움은 재지才智를 더하기 위해서이며, 숫돌질은 날을 세우기 위해서이다. 내가 항상 깊은 방에서 깊이 생각해 보았으나 배움보다 빠른 경우는 없었고, 또 일찍이 발뒤꿈치를 들고 멀리 보았으나 차라리 높은 곳에 올라 널리 보는 것만 못했다.』

따라서 바람결을 따라 소리치면 그 소리가 바람을 타고 빨리 갈 뿐만 아니라 듣는 이도 많으며, 언덕에 올라 손짓하면 팔을 멀리 늘여 휘젓지 않아도 먼데 사람까지 보인다.

그 때문에 물고기는 물결을 타고 이동하며, 나는 새는 바람을 이용해 떠다니고, 초목은 때를 잘 맞추어 자라는 것이다.

子思曰:『學所以益才也, 礪所以致刃也, 吾嘗幽處而深思, 不若學之速; 吾嘗跂而望, 不若登高之博見.』故順風而呼, 聲不加疾而聞者衆; 登丘而招, 臂不加長而見者遠. 故魚乘於水, 鳥乘於風, 草木乘於時.

益더할 익	幽숨을 유	登오를 등	衆무리 중
礪숫돌 려	處곳 처	博넓을 박	丘언덕 구
致이를 치	深깊을 심	順순할 순	招부를 초
刃칼날 인	若같을 약	呼부르짖을 호	臂팔 비
吾나 오	〃만일 약	聲소리 성	遠멀 원
嘗시험할 상	速빠를 속	加더할 가	乘탈 승
〃맛볼 상	跂발돋움할 기	疾빠를 질	〃꾀할 승
幽그윽할 유	望바라볼 망	〃병 질	

남의 착함을 말해 주면 좋은 물에 목욕한 듯 즐겁고, 남의 악을 들춰내면 모극矛戟 앞에 선 것처럼 고통스럽다.

言人之善, 澤於膏沐; 言人之惡, 痛於矛戟.

言말씀 언   澤못 택   〃윤택할 고   〃미워할 오
人남 인   〃은덕 택   〃은혜 고   痛아플 통
之어조사 지   ·於어조사 어   沐머리감을 목   矛창 모
善착할 선   膏기름질 고   惡악할 악   戟창 극

● 澤於膏沐 : 기름진 물에 목욕하다의 뜻. 좋은 물에 목욕한 것과 같다는 뜻.
● 矛戟 : 兵器. 창.

무릇 싸움질하는 자는 모두가 자기는 옳고 남은 그르다 여긴다. 자기는 진실로 옳고 남은 진실로 그르다면, 이는 자기는 군자이고 남은 소인이라는 뜻이 된다.

무릇 군자이면서 소인과 더불어 서로 적해賊害한다면, 이는 사람들이 소위 말하는 여우로써 이미 죽거나 도망간 개나 양을 대신하는 격으로 그 몸이 스스로 도탄塗炭에 빠질 것이니, 이 어찌 심한 과실이 아니겠는가?

그러면서도 지혜로운 자라고 여기니 이보다 더 어리석은 것이 있겠으며, 또 스스로 그것을 이익이 되는 줄 알고 있으니 손해가 이보다 더 막대한 경우가 있겠으며, 이것을 영광으로 여기니 이보다 더 욕됨이 있겠는가?

凡鬪者皆自以爲是而以他人爲非, 己誠是也, 人誠非也, 則是己君子而彼小人也; 夫以君子而與小人相賊害, 是人之所謂以狐白補犬羊, 身塗其炭, 豈不過甚矣哉! 以爲智乎, 則愚莫大焉; 以爲利乎, 則害莫大焉; 以爲榮乎, 則辱莫大焉.

凡무릇 범	與더불 여	塗칠할 도	智지혜 지
鬪싸움 투	相서로 상	〃진흙 도	愚어리석을 우
皆다 개	賊해칠 적	炭숯 탄	莫없을 막
是옳을 시	害해칠 해	豈어찌 기	焉이에 언
他남 타	〃해 해	過잘못할 과	榮영화 영
誠참으로 성	謂이를 위	〃지날 과	辱욕될 욕
〃정성 성	狐여우 호	甚심할 심	
彼저 피	補보탤 보	哉어조사 재	

배를 삼킬 정도의 큰 물고기라도 제멋대로 하다가 물을 잃으면 땅강아지와 개미에게조차도 제어를 당한다. 이는 그 자리를 떠났기 때문이다.

마찬가지로 원숭이도 나무를 잃으면 여우나 담비 같은 작은 짐승에게도 잡히고 만다. 이는 그 장소가 잘못되었기 때문이다.

따라서 하늘을 오르는 뱀은 안개를 타야 오를 수 있고, 하늘에 오르는 용은 구름을 타야 오를 수 있으며, 원숭이는 나무를 타야 재주를 부릴 수 있고, 물고기는 물을 만나야 힘차게 헤엄친다. 이는 모두 자신의 자리를 얻었기 때문이다.

呑舟之魚, 蕩而失水, 制於螻蟻者, 離其居也；猿猴失木, 禽於狐貂者, 非其處也. 騰蛇遊霧而升, 騰龍乘雲而擧, 猿得木而挺, 魚得水而鶩, 處地宜也.

呑삼킬 탄	螻땅강아지 루	禽사로잡힐 금	升오를 승
舟배 주	蟻개미 의	〃짐승 금	龍용 룡
之어조사 지	者것 자	狐여우 호	乘탈 승
魚고기 어	離떠날 리	貂담비 초	雲구름 운
蕩방자할 탕	其그 기	非그를 비	擧올릴 거
而말이을 이	居곳 거	處곳 처	得언을 득
失잃을 실	也어조사 야	騰오를 등	挺빼날 정
水물 수	猿원숭이 원	蛇뱀 사	鶩달릴 무
制누를 제	猴원숭이 후	遊놀 유	地지위 지
於어조사 어	木나무 목	霧안개 무	宜마땅할 의

　배우고 묻는 일을 게을리하지 않아야 자신을 다스
릴 수 있고, 가르치고 깨우쳐 주는 것을 싫어하지
않아야 남을 다스릴 수 있다.

　허무虛無를 귀하게 여기는 자는 변화에 대한 적응
과 시운에 대한 합당함을 터득할 줄 안다.

　學問不倦, 所以治己也, 教誨不厭, 所以治人也, 所以
貴虛無者, 得以應變而合時也.

學배울 학	治다스릴 치	人남 인	得얻을 득
問물을 문	己몸 기	貴귀히여길 귀	應응할 응
不아니할 불,부	也어조사 야	虛빌 허	變변화 변
倦게으를 권	教가르칠 교	無없을 무	而어조사 이
所바 소	誨깨우쳐줄 회	者어조사 자	合맞을 합
以어조사 이	厭싫을 염	〃것 자	時때 시

261

　재물은 초개草芥처럼 여기고, 몸은 보배(寶貝)처
럼 여겨라.
　어리고 작은 사람에게는 인자함을 베풀고, 나이
많은 노인에게는 공경을 다할지니라.

　以財爲草, 以身爲寶. 慈仁少小, 恭敬耆老.

以어조사 이	草풀 초	仁어질 인	敬공경 경
〃써 이	身몸 신	少젊은이 소	耆늙을 기
財재물 재	寶보배 보	小작을 소	老늙을 로
爲할 위	慈사랑 자	恭공손할 공	

262

　군자에게 은혜를 베풀면 군자는 그 복을 얻게 되
고, 소인에게 은혜를 베풀면 소인은 그 힘을 다하여
갚게 된다.
　무릇 덕이란 한 사람의 몸을 살리기도 하는데, 하
물며 만인에게 덕을 베풀어 놓고 사는 사람에게 있
어서랴.
　그래서 덕이란 미세하다고 그만둘 일이 아니며,
원한이란 작다고 해서 마구 저질러도 아니 된다.
　어찌 덕을 세우지도 원한을 제거하지도 않으면서
남에게 이로움을 줄 수 있겠는가?

이로움을 베푼 자는 복으로써 보답받고 원망으로 남을 대한 자는 화가 찾아오게 마련이니, 안으로 몰래 한 것들은 그 밖으로 응하게 될 수밖에 없는 것이다. 그러니 삼가지 않으면 안 될 것이다.

惠君子, 君子得其福; 惠小人, 小人盡其力; 夫德一人活其身, 而況置惠於萬人乎? 故曰德無細, 怨無小, 豈可無樹德而除怨, 務利於人哉! 利施者福報, 怨往者禍來, 形於內者應於外, 不可不愼也.

惠베풀 혜	況하물며 황	樹세울 수	報갚을 보
得얻을 득	〃비유할 황	〃나무 수	往갈 왕
福복 복	置둘 치	除덜 제	禍재앙 화
盡다할 진	故연고 고	務힘쓸 무	來올 래
夫대저 부	細작을 세	哉어조사 재	形형세 형
德덕 덕	怨원한 원	利이로울 리	應응할 응
活살 활	豈어찌 기	施베풀 시	愼삼갈 신

다섯 성현의 지모智謀라도 때를 만남만 못하고,
아무리 뛰어난 달변·지혜·총명·혜안이 있다 하
더라도 세상을 잘 만남만 못하다.

五聖之謀, 不如逢時; 辯智明慧, 不如遇世.

五다섯 오	謀꾀 모	時때 시	慧슬기로울 혜
聖성인 성	不아니 불,부	辯말잘할 변	〃슬기 혜
〃성스러울 성	如같을 여	智지혜 지	遇만날 우
之어조사 지	逢만날 봉	明밝을 명	世인간 세

공자가 이렇게 말했다.

『공교하면서 법도까지 좋아하면 반드시 공교한 것
을 만들어낼 수 있고, 용기가 있으면서 동화를 좋아
하면 반드시 승리할 수 있으며, 지식이 있으면서 도
모하기를 좋아하면 반드시 성공을 거둘 수 있다. 그
러나 어리석은 자는 이와 반대이니, 무릇 중요한 자
리에 처하면 총애를 독차지하려 들고, 어떤 일을 전
임專任하면 어진 이를 질투한다. 이것이 곧 어리석
은 자의 성정이다.

뜻을 얻었다고 교만하게 굴고 옛 원한을 가벼이
여기니, 이렇게 하면 높은 자리에 있으면 반드시 위

험하게 되고, 임무가 중하면 이기지 못하여 무너지며, 총애를 독차지하고 나면 욕을 당하게 된다.』

孔子曰:『巧而好度必工, 勇而好同必勝, 知而好謀必成: 愚者反是, 夫處重擅寵, 專事妬賢, 愚者之情也. 志驕傲而輕舊怨, 是以尊位則必危, 任重則必崩, 擅寵則必辱.』

巧공교할 교	謀꾀할 모	〃멋대로 천	輕가벼울 경
好좋아할 호	成이룰 성	寵총애 총	舊옛날 구
度법도 도	愚어리석을 우	專오로지 전	怨원한 원
工교묘할 공	反도리어 반	妬시새울 투	尊높을 존
〃장인 공	是이 시	賢어질 현	位자리 위
勇씩씩할 용	夫대저 부	情뜻 정	危위험할 위
同한가지 동	處곳 처	志뜻 지	崩무너질 붕
勝이길 승	重중할 중	驕교만할 교	辱욕될 욕
知앎 지	擅천단 천	傲거만할 오	

무릇 산은 높고높아 만민이 다 우러러보는 바이다.

초목이 거기서 자라며, 만물이 그로부터 바로 선다. 또 날짐승들이 거기에 모여들고 길짐승들이 거기에서 쉰다. 온갖 보물이 그 속에 저장되어 번식하고, 기이한 물건이 그 속에 숨겨져 있다.

이처럼 온갖 물건을 길러 주되 권태롭다 아니하며, 사방의 모든 것을 다 불러 모으되 제한을 두지 않는다.

구름과 바람을 일으켜 천지지간을 통기通氣시키며, 천지를 이로써 이루고 나라를 이로써 평안히 하니 이 때문에 인자는 산을 즐기는 것이다.

夫山巃嵸崒嵂, 萬民之所觀仰. 草木生焉, 衆物立焉, 飛禽萃焉, 走獸休焉, 寶藏殖焉, 奇夫息焉, 育群物而不倦焉, 四方竝取而不限焉. 出雲風, 通氣于天地之間, 天地以成, 國家以寧, 是仁者所以樂山也.

巃가파를 룡	物만물 물	殖자랄 식	限한정 한
嵸산우뚝한	飛날 비	奇기이할 기	雲구름 운
모양 종	禽날짐승 금	夫저 부	風바람 풍
崒산모양 루	萃모일 췌	息숨쉴 식	通통할 통
嵂산모양 죄	走달릴 주	〃쉴 식	間사이 간
觀볼 관	獸짐승 수	育기를 육	樂좋아할 요
仰우러러볼 앙	休쉴 휴	群무리 군	〃즐거울 락
焉어조사 언	寶보배 보	倦게으를 권	〃풍류 악
衆무리 중	藏감출 장	取취할 취	

하수河水는 뱀처럼 구불구불하기 때문에 능히 먼 곳까지 흐르고, 산은 넓은 터를 깔고 앉았기 때문에 능히 높을 수 있는 것이다.

도는 자연에 순응하기 때문에 능히 변화가 있고, 덕이란 순후純厚하기 때문에 능히 호방豪放할 수 있는 것이다.

河以委蛇故能遠, 山以凌遲故能高. 道以優游故能化, 德以純厚故能豪.

河내 하	〃예 고	遲늦을 지	化변화 화
以써 이	能능할 능	〃기다릴·지	德덕 덕
委굽을 위	遠멀 원	高높을 고	純순수할 순
〃맡길 위	山메 산	道길 도	〃실. 순
蛇뱀 사	凌범할 릉	優부드러울 우	厚두터울 후
故연고 고	〃[陵과 통용]	游놀 유	豪호협할 호

＊凌遲:느린 터를 넘지름. 넓은 터를 차지하그 있음.

물이 그 근원을 배반하면 냇물이 마르고, 사람이 믿음을 배반하면 이름을 현달시킬 수 없다.

水倍源則川竭, 人倍信則名不達.

水물 수	則곧 즉	人사람 인	達달할 달
倍배반할 배	〃법 칙,측	信믿을 신	〃통할 달
〃곱 배	川내 천	名이름 명	
源근원 원	竭다할 갈	不아니 불,부	

샘물이 원천에서 퀘퀘히 흘러 나와 밤낮을 놓지 않고 흐르는 것은 마치 힘 있는 자와 같고, 이치에 순응하되 작은 끊어짐도 없는 것은 마치 공평을 견지한 사람 같으며, 흐르되 낮은 곳으로 임하는 것은 예의를 가진 자와 같고, 천길 낭떠러지에 임해서도 의심치 않는 것은 용기 있는 자와 같으며, 장애를 만나도 청정淸正하게 기다리는 모습은 천명을 아는 자의 풍모와 같다.

또 깨끗지 못한 것을 받아들여 깨끗이한 다음 내보내는 것은 선화善化를 가진 자 같고, 모든 사람들이 그를 통해 공평을 얻고 만물이 그로 인해 정正해지며, 모든 생물이 그를 얻으면 살아나고 그를 잃

으면 죽으니 바로 덕을 갖춘 자와 같고, 맑고 연연
하나 그 깊이는 측량할 길 없으니 성인의 마음 속
같다.

  천지지간을 통윤通潤시켜 국가가 이로써 이루어지
니, 이는 바로 지혜로운 자가 물을 좋아하는 까닭이다.

  泉源潰潰, 不釋晝夜, 其似力者; 循理而行, 不遺小
間, 其似持平者; 動而之下, 其似有禮者; 赴千仞之壑
而不疑, 其似勇者; 障防而淸, 其似知命者; 不淸以入,
鮮潔以出, 其似善化者; 衆人取平品類以正, 萬物得之
則生, 失之則死, 其似有德者; 淑淑淵淵, 深不可測, 其
似聖者. 通潤天地之間, 國家以成, 是知之所以樂水也.

泉샘 천   循좇을 순   疑의심할 의   類무리 류
源근원 원   遺빠질 유   障장애 장   淑맑을 숙
潰무너질 궤   禮예 례   防당할 방   淵깊은물 연
釋놓을 석   赴다다를 부   淸맑을 청   深깊을 심
晝낮 주   仞한길 인   鮮고울 선   通통할 통
夜밤 야   壑구렁 학   潔깨끗할 결   潤윤택할 윤

끝낼 때는 시작할 때의 마음으로 하여 항상 경계
警戒하라. 전전율률戰戰慄慄하여 날마다 그 일에 조
심하라.

愼終始心, 常以爲戒, 戰戰慄慄, 日愼其事.

愼진실로 신	常항상 상	戒경계할 계	日날 일
〃삼갈 신	〃범상 상	戰두려워할 전	其그 기
終끝날 종	以써 이	〃싸움 전	事일 사
始처음 시	爲할 위	慄두려워할 률	

무릇 자기 자신을 잘 관리함에는 반드시 조심해야
할 다섯 가지 기본이 있다.

첫째, 부드럽게 하되 인仁으로 할 것. 둘째, 성실
하게 하되 신信으로 할 것. 셋째, 부귀할 때에 남에
게 교만하게 굴지 말 것. 넷째, 공恭을 다하되 경敬
으로 할 것. 다섯째, 관용을 베풀되 떠들썩하지 않게
할 것 등이다.

이 다섯 가지를 잘 생각하여 행동하는 자는 흉명
凶命을 만나는 일이 없을 것이다.

능히 그 경敬을 실천하면 천시天時가 도와 흉명이
오지 않고 화도 찾아오지 않는다.

남을 공경한다는 것은 남을 공경하는 것이 아니라 자신을 공경하는 것이요, 남을 귀하게 여기는 것도 남을 귀하게 여기는 것이 아니라 자신을 귀하게 여기는 것이다.

凡司其身, 必愼五本: 一曰柔以仁, 二曰誠以信, 三曰富而貴毋敢以驕人, 四曰恭以敬, 五曰寬以靜. 思此五者, 則無凶命, 用能治敬, 以助天時, 凶命不至, 而禍不來. 敬人者, 非敬人也, 自敬也. 貴人者, 非貴人也, 自貴也.

凡무릇 범	信믿을 신	敬공경 경	用쓸 용
司맡을 사	富넉넉할 부	寬너그러울 관	治익힐 치
其그 기	貴귀할 귀	靜조용할 정	〃다스릴 치
身몸 신	毋말 무	思생각할 사	助도울 조
愼삼갈 신	敢감히 감	此이 차	至이를 지
柔부드러울 유	驕교만할 교	凶흉할 흉	禍재난 화
誠정성 성	恭공손할 공	命목숨 명	來올 래

배우고 묻는 일을
게을리하지 않아야
자신을 다스릴 수 있고,

가르치고 깨우쳐 주는 일을
싫어하지 않아야
남을 다스릴 수 있다

유 향 劉 向

B.C.77-6. 중국 전한前漢 때의 경학자. 광록대부光祿
大父를 지낼 때 여러 서적을 교열하여 《별록別錄》 20권
을 완성했다. 이 책은 중국에서 가장 오래된 서적해제
서書籍解題書이다. 그의 작품은 대부분 유실되었으며,
현존하는 것으로는 《홍범오행전洪範五行傳》·《신서新
序》·《설원說苑》·《열녀전列女傳》 등이 있다.

임동석 林東錫

경북 영주 출생. 서울교대·국제대·건국대 대학원
졸업. 국립대만사범대학 국문연구소 박사반 졸업. 중화
민국 문학박사. 전 충북대 조교수. 현재 건국대학교 중
어중문학과 교수로 재직중. 저서로는 《조선역학고朝鮮
譯學考》·《중국학술강론中國學術綱論》이 있으며, 편·
역서로는 《대학중국어》·《전국책戰國策》·《세설신어世
說新語》·《광개토왕비연구》·《천도책天道策·자경문自
警文》·《동북민족원류東北民族源流》·《용봉문화원류龍
鳳文化源流》 등이 있다.

**산이 높으면 마땅히
우러러볼 일이다**

초판발행 : 1994년 10월 10일
2쇄발행 : 1996년 4월 20일

지은이 : 劉 向
옮긴이 : 林東錫
펴낸이 : 辛成大
편집설계 : 韓仁淑

東文選
제10-64호. 78. 12. 16 등록
[140-100]서울 용산구 문배동 40-21
전화 : 719-4015

ISBN 89-8038-701-6 02150